겐지모노가타리

일본 고전문학의 최고봉

e시대의 절대사상

겐지모노가타리

일본 고전문학의 최고봉

|임찬수| 무라사키 시키부|

살림

*e*시대의 절대사상을 펴내며

　고전을 읽고, 고전을 이해한다는 것은 비로소 교양인이 되었다는 뜻일 것입니다. 또한 수십 세기를 거쳐 형성되어 온 인류의 지적유산을 제대로 이해하고, 그 바탕 위에서 새로운 자기만의 일을 개척할 때, 그 사람은 그 방면의 전문가가 될 수 있을 것입니다. 프랑스의 대입제도 바칼로레아에서 고전을 중요하게 취급하는 까닭도 그와 같은 이유 때문이겠지요.

　그러나 예전에도, 현재에도 고전은 유령처럼 우리 주위를 떠돌기만 했습니다. 막상 고전이라는 텍스트를 펼치면 방대한 분량과 난해한 용어들로 인해 그 내용을 향유하지 못하고 항상 마음의 부담만 갖게 됩니다. 게다가 지금 우리는 고전을 읽기에 더 악화된 시대를 살고 있습니다. 변하지 않고 있는 교육제도와 새 미디어의 홍수가 우리를 그렇게 만들고 있는 것입니다.

　고전을 읽어야 하지만, 읽기 힘든 것이 현실이라면, 고전에 친근하게 다가갈 수 있는 새로운 방법을 응당 고민해야 하지 않을까요? 살림출판사의 *e*시대의 절대사상은 이러한 문제의식을 가지고 기획되었습니다. 고전에 대한 지나친 경외심을 버리고, '아무도 읽지 않는 게 고전'이라는 자조를 함께 버리면서 지금 이 시대에 맞는 현대적 감각의 고전을 만들고자 했습니다.

고전의 내용이 지나치게 주관적으로 해석되어 전달되는 위험을 피할 수 있도록 그 분야에 대해 가장 정통하면서도 오랜 연구 업적을 쌓은 학자들이 자신의 경험을 응축시켜 새로운 고전에의 길을 열고자 했습니다. 마치 한 편의 잘 짜여진 다큐멘터리 프로그램을 보듯 고전이 탄생할 수 있었던 시대적 배경과 작가의 주변 환경, 그리고 고전에 담긴 지혜를 재미있게 습득할 수 있도록 내용을 구성했고 난해한 전문용어나 개념어들은 최대한 알기 쉽게 설명했습니다.

이전에 경험하지 못했던 새로운 감각의 고전 *e 시대의 절대사상*은 지적욕구로 가득 찬 대학생·대학원생들과 교사들, 학창시절 깊이 있고 폭넓은 교양을 착실하게 쌓고자 하는 청소년들, 그리고 이 시대의 리더를 꿈꾸는 모든 사람들에게 생생하게 살아 숨쉬는 인류 최고의 지혜를 전달할 것이라고 확신합니다.

기획위원

서강대학교 철학과교수 강영안

이화여자대학교 중문과교수 정재서

들어가는 글

한자를 모태로 한 가나[仮名]문자의 창조는 일본문학사의 획기적인 업적 중 하나이다. 한자를 사용하여 사상과 감정을 한시나 한문으로 표현하는 것이 남성 관료들의 특권이었다면, 가나문자는 한시와 한자 표현에 대한 지식이 없었던 여성에게도 자신의 생각을 표기할 수 있는 기술을 제공함으로써 일본문학에 적극적인 참여를 가능하게 하였다.

가나[仮名]란, 표기문자가 없었던 시대에 한자의 의미를 배제하고 한자의 음과 훈을 빌려 표음(表音)으로만 쓰였던 문자를 가리킨다. 만요가나[万葉仮名]가 시간이 흐름에 따라 한자 하나에 음 하나를 대비시켜 가나 표기를 하였고, 만요가나가 행서체에서 초서체로 변하고 본래 한자의 의미가 사라지고 단지 문자로서의 역할만을 담당하게 됨에 따라 히라가나[平仮名]라고 불리우는 표기문자가 나타나게 된 것이다.

가나문자의 사용이 일반화되어 전통적인 와카[和歌]도 새롭게 옷을 입게 되고 모노가타리[物語]문학이라는 새로운 장르도 탄생하게 된다. 모노가타리란 가나로 쓰인 산문으로, 신기한 이야기라는 의미로 해석할 수 있다. 그렇다고 해서 새로운 이야기거나 독창적인 내용이라기보다는 전승된 전설, 신화, 고대가요 등의 이야기나 대륙으로부터 전래된 소설을 기반으로 만들어진 것이라고 하는 것이 옳다.

가나로 쓰인 산문문학의 탄생은 여성문화의 발달을 그 배경으로 하고 있다. 가나의 발명으로 여성들의 읽기와 쓰기가 가능해지자, 여성들의 읽을거리로 만들어지기 시작한 것이 모노가타리였다. 당시의 통념상 모노가타리는 한시나 와카보다 훨씬 저속한 문학이었고 주로 여성들이 즐기는 오락물로 인식되었다. 10세기 말의 『산보에[三宝絵]』라는 설화집에는, 모래알처럼 많은 모노가타리가 제작되었고 독자는 주로 여성이라고 기술되어 있다. 이때까지만 해도 모노가타리를 창작한 사람은 한문 소양을 지닌 문인 남성들이었으며, 전설이나 중국의 소설을 바탕으로 만든 전기물과 노래를 중심으로 한 구승설화가 주를 이루었다. 그러다 11세기에 이르러 일본문학사상 걸출한 작품이 등장하는데 바로 세이쇼나곤의 『마쿠라노소시[枕草子]』와 무라사키시키부의 『겐지모노가타리』이다. 특히 『겐지모노가타리』는 일기, 소설, 여행문 등 여러 장르에 여성들이 작가로 등장하는 계기를 마련했다.

　　10세기 후반부터 11세기까지는 외척과 귀족에 의한 정치가 정점을 이룬 시기로, 궁정을 중심으로 재능이 뛰어난 여성들이 나타나 궁정여류문학이 최고조에 이른다. 『겐지모노가타리』는 후지와라[藤原]씨의 지배체제가 정착되고 미치나가[道長]가문의 번영이 절정에 달했던 시기에 탄생했다. 권세가인 미치나가의 후원과 독자인 귀부인들의 후원으로 귀중했던 종이도 구할 수 있었고, 54권이라는 장편소설도 완성할 수 있었다.

　　일본문학사상 기념비적인 작품인 『겐지모노가타리』는 새로운 인물 창조와 등장인물의 심리묘사에 초점을 두고 이전의 것을 결합하고 집대성한 최고의 걸작이다. 이전의 전기적이고 공상적인 이야기에서 탈피하여 허구의 틀에 있으면서도 인간의 진실과 고뇌를 조명하여 모노가타리의 고유 세계를 만들어냈다. 바로 이런 점에 『겐지모노가타리』의 위대성이 있다. 이후에 창작된 장편 모노가타리는 세밀한 표현, 신기한 구성 등 뛰어난 점도 많지만 『겐지모노가타리』에 비교할 바가 아니며,

『겐지모노가타리』를 탈피하고자 하면 할수록 오히려 구속되어 『겐지모노가타리』의 위대성을 증명할 뿐이었다.

『겐지모노가타리』는 이후의 많은 문학작품에 영향을 주었을 뿐만 아니라 일본의 미의식을 규정하는 잣대가 되었다. 현재에도 고전이라는 틀을 뛰어넘어 만화, 영화, 애니메이션 등 다양한 매체로 현대인에게 새롭게 소개되고 연구되고 있는 것은 단지 작품에 인용된 작가의 한시나 한문 교양, 이전 작품들에 대한 풍부한 상식 때문만이 아니라 이 작품에 녹아 있는, 인간의 사랑과 진실이라는 공통분모가 현재까지 일본인의 미의식의 근간을 이루고 있기 때문일 것이다.

이 책은 『겐지모노가타리』를 쉽게 이해할 수 있도록 작자의 생애와 작품의 주요 사상, 줄거리, 명문장을 발췌하여 번역한 입문서이다. 특히 원령이라든가 문학론, 여성품행론 등에 나타난 생각은 현대에도 통용되는 보편적 사상이어서 일본의 미의식을 이해하는 데 도움이 되리라 생각한다. 여기서는 『겐지모노가타리』를 소개하는 데 머물지만 이를 통해 일본 고전문학의 진수를 맛보는 기회가 되기를 기대한다.

2005년 8월
저자 임 찬 수

| 차례 |

e 시대의 절대사상을 펴내며   04
들어가는 글   06

1부 시대 · 작가 · 사상

1장 천 년의 베스트셀러
『겐지모노가타리』와의 만남   18

2장 시대적 배경과 작가
여류문학의 발흥과 새로운 문학의 탄생   32
작가 무라사키 시키부는 어떤 인물인가   38
『겐지모노가타리』시대의 풍속과 문화   43
『겐지모노가타리』에 얽힌 전설들   50

일본 고전문학의 최고봉
겐지모노가타리

3장 주요 등장 인물 및 줄거리

주요 등장인물   54
1부: 이상적 삶의 추구   63
2부: 인과응보로 인한 비극적 운명   79
3부: 숙명의 우지 사람들   86

4장 주요 테마

새로운 심리묘사와 인간상   96

5장 의의와 영향

천 년을 울린 사랑과 운명   114

2부 본문

1권 「기리쓰보[桐壺]」	122
2권 「하와키기[帚木]」	132
3권 「우쓰세미[空蟬]」	136
4권 「유가오[夕顔]」	139
5권 「와카무라사키[若紫]」	149
6권 「수에쓰무하나[末摘花]」	154
7권 「모미지노가[紅葉賀]」	157
8권 「하나노엔[花宴]」	161
9권 「아오이[葵]」	165
10권 「사카키[賢木]」	172
11권 「하나치루사토[花散里]」	177
12권 「수마(須磨)」	179
13권 「아카시[明石]」	185
14권 「미오쓰쿠시[澪標]」	189
19권 「우스구모[薄雲]」	194
34권 「와카나 상[若菜上]」	196

일본 고전문학의 최고봉

겐지모노가타리

35권 「와카나 하[若菜下]」	202
36권 「가시와키[柏木]」	213
39권 「유기리[夕霧]」	218
40권 「미노리[御法]」	221
41권 「마보로시[幻]」	224
42권 「니오우효부쿄[匂兵部卿]」	226
45권 「하시히메[橋姫]」	231
47권 「아게마키[総角]」	237
49권 「야도리기[宿木]」	239
51권 「우키후네[浮舟]」	243
53권 「데나라이[手習]」	246
54권 「유메노우키하시[夢浮橋]」	250

3부 관련서

관련서	256

1부

시대 · 작가 · 사상

『겐지모노가타리』는 '히카루 겐지'라는 주인공과 그 이후 세대의 인생역정을 그린 대하소설이다. 수많은 등장인물을 개성있고 치밀하게 묘사한 사실성과 사회에 대한 예리한 통찰과 비평정신은 이전의 '모노가타리'에서는 찾아 볼 수 없는 선구적인 것으로 높이 평가받고 있다. 자연과 인간의 심리를 교묘히 융합시킨 서정적인 문체를 바탕으로 독특한 귀족적 분위기와 '모노노아와레'란 미적이념을 드러내고 있다. 워낙 탁월해서 인간의 능력이 아니라 부처님의 영감에 의해 작성되었다고 믿는 전설도 널리 퍼졌다. 선행 모노가타리나 일기문학을 하나로 집대성한, 일본 고전문학의 최고봉이라고 말할 수 있다.

1장

천 년의 베스트셀러

『겐지모노가타리』와의 만남

　『겐지모노가타리[源氏物語]』는 11세기 초 무라사키 시키부[紫式部]라는 여성에 의해 창작된 장편소설로, 당시의 귀족사회를 배경으로 주인공인 히카루 겐지[光源氏]의 숙명적인 사랑과 연애, 상대 여성들의 운명을 그린 작품이다. 세계문학사로 볼 때도 질적으로나 양적으로 매우 뛰어난 작품이다. 기적이라 표현될 만큼 현재까지 일본 여류문학의 최고봉으로 군림하고 있으며, 흔히들 '겐지 이전에 겐지 없고 겐지 후에도 겐지가 없다'고 말할 정도로 일본 최고의 고전 작품 중 하나로 손꼽힌다.

　이 작품은 노래를 중심으로 이야기가 전개되는 '노래 모노가타리[物語]'와 허구의 이야기를 전개한 '창작 모노가타리'의 전통을 통합하고 집대성하여 문장이나 내용 면에서도 예술적 수준을 한 단계 높인 최고의 모노가타리 걸작이다.

이 작품을 처음 접하게 된 것은 글이 아니라 그림이었다. 국보로 지정된 '겐지모노가타리 그림 두루마리[源氏物語絵卷]'를 도쿠가와미술관에서 전시하였는데, 그때 그림 20여 점과 글들을 통해 천 년 전 사람들이 즐겼던 문학의 향기를 맡아본 감동은 이루 말할 수 없었다. 사진과 활자로만 만났던 딱딱하고 어려운 고전의 세계가 새롭고 친근하게 느껴졌으며, 이것이 고전문학을 연구하는 이유 중 하나라는 것을 깨달았다. 당시의 사람들도 이 그림을 보면서 등장하는 인물들의 운명과 사랑에 감동하며 작품 세계에 몰입하였을 거라는 생각이 들자, 오늘날 이 작품을 보고 연구하는 사람들도 천 년 전에 이미 느꼈던 옛 사람들의 정서와 교류하고 있다는 생각이 들었다. 이때에 전시된 『겐지모노가타리』 그림 두루마리책과 엽서가 지금도 책꽂이에 꽂혀 있다.

국보 겐지모노가타리 그림 두루마리 포스터.

『겐지모노가타리』에 흥

미를 가지게 된 또 다른 동기는 다름 아닌 일본의 전통연극인 노[能] 때문이었다. 노에서는 『겐지모노가타리』에 나오는 이야기를 소재로 여러 연극을 제작하였다. 그중에서도 「겐지구요[源氏供養]」라는 것이 있는데 이는 무라사키 시키부가 주인공으로 등장하여 『겐지모노가타리』의 이야기와 작자나 작품에 관련된 전설을 바탕으로 성불하지 못한 이유를 연극으로 표현한 작품이다.

    교토에 있는 아고이[安居院]라는 절의 호인[法印]이라는 중이 이사야마 절[石山寺]에 있는 관세음보살을 참배하러 가는데 마을의 한 여인이 불러 세운다. 그리고 자신이 이시야마 절에 머물면서 『겐지모노가타리』를 썼고, 이 모노가타리가 후세에 전해졌지만 주인공인 히카루 겐지를 공양하지 않아서 작자 자신은 아직까지 성불하지 못했으니, 겐지의 성불과 자신의 극락왕생을 빌어 달라고 부탁한다. 호인은 놀라면서도 그 부탁을 받아들이고, 여인은 저녁노을 속으로 사라진다. 이후 호인이 이시야마 절에서 작자와 겐지의 왕생을 빌자 후반부의 주인공인 무라사키 시키부의 망령이 나타나 소원을 적은 글을 호인에게 건네고, 『겐지모노가타리』에 나오는 권명(卷名)을 이용하여 현세의 무상함과 부처의 도움을 바라는 춤을 춘다. 무라사키 시키부가 이시야마 절의 관세음보살로 이 세상에 다시 태어나 이 세상은 꿈이라는 것을 사람들에게 알려주기 위해 『겐지모노가타리』를 썼다고 고하면서 연극이 끝난다.

이 연극의 중심은 바로 『겐지모노가타리』의 권명을 수식어로 사용하여 무상감을 잘 드러낸 구세[クセ]라는 춤에 있다. 그 부분에 사용된 권명은 다음과 같다.

> 기리쓰보[桐壺, 1권]—사랑하는 기리쓰보 고이[更衣]의 죽음을 연상하여 인간의 무상함을 나타냄.
> 하와키기[帚木, 2권]—비오는 날 밤 여성 품평론을 밑바탕으로 석가가 깨달은 보리수를 상징
> 우쓰세미[空蟬, 3권]—허무한 이 세상을 상징
> 유가오[夕顔, 4권]—박꽃에 맺힌 이슬처럼 생명의 허무함을 말함.
> 와카무라사키[若紫, 5권]—부처가 나타날 때 등장하는 보라색 구름
> 수에쓰무하나[末摘花, 6권]—극락의 꽃
> 모미지노가[紅葉賀, 7권]—가을 단풍 상징
> 사가키[賢木, 10권]—제사 때 신에게 바치는 신목(神木)의 의미로 사용
> 하나치루사토[花散里, 11권]—문자 그대로 꽃이 지는 마을
> 수마[須磨, 12권]—유랑지였던 수마 해변
> 아카시[明石, 13권]—아카시 해변

미오쓰쿠시[澪標, 14권]—온 정성을 다하다라는 의미로 사용

요모기우[蓬生, 15권]—풀이 우거지고 황폐한 곳을 상징

마쓰카제[松風, 18권]—솔 바람

우스구모[薄雲, 19권]—인간의 죄업으로 인해 불법이 방해 받는 것을 의미

후지하카마[藤袴, 30권]—부처의 자비인욕(慈悲忍辱)을 몸에 걸치는 의복으로 비유

마키바시라[眞木柱, 31권]—금과 은 등으로 치장된 기둥, 극락 상징

우메가에[梅枝, 32권]—매화 가지

후지노우라바[藤裏葉, 33권]—등나무 잎

다마카즈라[玉鬘, 22권]—이슬방울

야도리기[宿木, 49권]—향기가 배여 있다는 의미로 사용

아즈마야[東屋, 50권]—동쪽 집

우키후네[浮舟, 51권]—덧없는 영화를 상징

가게로우[蜻蛉, 52권]—허무한 인생에 비유

유메노우키하시[夢浮橋, 54권]—꿈속의 위헌한 길

이와 같이 상징적 또는 문자 그대로의 의미로 사용하여 인생의 덧없음을 그리고 있었다. 『겐지모노가타리』의 내용을 모르고서는 이해할 수 없는 부분이지만 연극을 통해 간접적으로나 모노가타리의 줄거리를 알 수 있었다.

『겐지모노가타리』에 흥미를 가지게 된 또 다른 이유는 바로 원령으로 해석되는 모노노케[物の怪]가 등장하기 때문이다. 이 당시에는 살아 있는 인간의 영혼을 생령(生靈), 죽은 사람의 영혼을 사령(死靈)이라고 불렀다. 질투나 원한으로 죽은 사람의 영혼이 떠도는 것을 유령(幽靈) 또는 원령(怨靈)으로 생각하였고, 이런 영들이 활발하게 활동하던 시대가 바로 헤이안[平安]시대였다.

당시의 일기나 설화 그리고 모노가타리 등의 문학작품 속에는 수많은 생령이나 유령 등의 활동이 기록되어 있는데 이들은 다른 사람에게 달라붙어 병이나 죽음에 이르게 하는 두려운 존재였다. 당시에는 이런 알 수 없는 정체, 반갑지 않은 존재를 모노노케, 즉 사람이 이해할 수 없는 초자연적인 존재를 가리키는 모노[もの]의 이상한 현상[物の怪]으로 이해했다.

『에가모노가타리[榮華物語]』에서는 모노노케와 대립되는 단어로 가미노케[神の怪]가 등장한다. 이 작품에서 원인불명의 병을 치료하기 위해 초대된 승려는, 재앙을 일으킨 영이 모노노케라면 자신들이 치료할 수 있지만 가미노케라면 감당할 수 없다고 대답한다. 이런 경우에는 음양사의 힘을 빌려야 한다. 모노노케는 인간의 사악한 마음이나 감정으로부터 출현한 악령을 의미한다. 반면에 가미노케는 신의 재앙이고

인간의 행동에 따라 나타나는 현상이 아니었다. 그래서 병을 치료하거나 악령을 퇴치하는 역할도 모노노케는 승려가, 가미노케는 음양사가 담당하는 등 구분이 있었다.

이러한 악령에 의해 괴로움을 당하는 사람들을 묘사하고 있는 것이 바로 『겐지모노가타리』이다. 작자 자신의 일기나 『마쿠라노소시[枕草子]』『에가모노가타리』 등에도 모노노케를 진정시키기 위해 법회를 여는 장면들이 등장한다. 당시에는 실제로 이런 악령들의 존재를 믿고 있었으므로 생활 속에서 행했던 의식이나 제례 등에 악령 퇴치를 위한 행사가 들어 있었다. 이는 허구가 사실에 근거하고 있다는 것을 보여 주고 있는 단서라고 할 수 있다.

『겐지모노가타리』에서는 아오이노우에[葵上]에게 달라붙은 로쿠조노 미야스도코로[六条御息所]의 생령을 모노노케로 표현하고 있다. 겐지에게는 4살 연상의 아내인 아오이노우에가 있었다. 또 겐지에게는 7살 연상의 로쿠조노 미야스도코로라는 내연의 처가 있었다. 두 여인의 관계는 표면적으로는 평온하였다. 그러나 가모축제[賀茂祭]에 앞서 열리는 제례행렬을 구경하러 나온 두 사람의 마차가 서로 다투고 난 뒤, 미야스도코로의 생령이 모노노케가 되어 아오이노우에를 괴롭히기 시작한다.

아오이노우에는 임신 중이었고 자주 병을 앓았다. 당시는 병의 원인을 모노노케 등 초자연적인 존재의 활동에서 찾으려는 것이 일반적이었다. 또 병을 퇴치하기 위해서는 승려나 음양사의 기도가 필요하다고 믿었다. 아오이노우에의 병도 모노노케의 의한 것으로 생각하여 밀교의 승려를 불러 쾌유를 위한 기도를 하게 된다. 그러자 여러 생령들과 유령들이 나타나 정체를 밝히고 차례차례로 영매에 달라붙어 추방되었다.

그러나 여러 모노노케가 정체를 밝히고 사라졌지만, 단 하나만이 자신을 드러내지 않았다. 아오이노우에에게 집요하게 달라붙어 입을 다문 채 정체를 밝히려고 하지 않는다. 출산이 임박하고 능력이 뛰어난 승려들이 기도하자, 결국 마지막 모노노케도 소리를 지르며 말하기 시작한다.

"여기에 오려고 생각지도 않았습니다만, 상념에 빠진 영혼은 자신의 육체를 떠나 헤매며 돌아다니는군요. 제발 방황하고 있는 영혼을 내 육체로 돌아오게 해주시오."

아오이노우에가 말하고 있지만 목소리라든가 모습은 틀림없이 미야스도코로였다. 놀란 겐지가 달라붙은 영에게 자신의 정체를 밝히게 하니, 그것은 다름 아닌 미야스도코로의 생령이었다. 정체를 밝힌 미야스도코로의 영도 영매에 옮겨져 퇴치된다.

이 장면은 전통연극인 노 「아오이노우에[葵上]」의 소재가 되었다. 노에서는 먼저 무대 정면에 한 벌의 옷이 펼쳐져 있는데, 이것은 겐지의 아내인 아오이노우에가 병이 들었다는 것을 나타낸다. 수자쿠인[朱雀院]을 섬기는 신하가 아오이노우에의 병명을 알기 위해 무녀에게 가래나무로 만든 활을 잡아당겨 유령이나 생령 등의 정체를 밝히게 한다. 활을 잡아당기니 귀부인이 가마를 타고 나타나 눈물을 흘린다. 이름을 물으니 로쿠조노 미야스도코로라고 말하며 자신의 망집(妄執)으로 괴로워하는 인생을 한탄한다.

미야스도코로는 동궁비로서 화려한 궁정생활을 보냈지만 남편이 먼저 죽고 난 뒤, 겐지와 친밀한 관계를 맺는다. 그러다 겐지와의 관계가 소원해지고 돌봐 주는 사람조차 없게 되자 쓸쓸함을 토로하며 겐지의 사랑을 빼앗아간 아오이노우에를 원망했던 것이다. 미야스도코로의 영은 격렬한 분노로 아오이노우에의 베개를 두들기며 저주를 하다 모습을 감춘다. 아오이노우에의 모습이 급변하고 승려가 기도를 시작한다. 미야스도코로의 영은 귀신의 모습으로 변하고 승려와 대결을 하지만 결국 굴복하고 만다. 연극에서 귀신으로 변한 미야스도코로는 한냐[般若]라는 가면을 쓰고 등장하는데, 이는 원한에 사무친 모습을 표현하기 위한 것이다.

모노노케에 의해 사망한 인물을 다룬 또 다른 작품이 있는

데 바로 『유가오[夕顔]』이다. 이 작품은 『겐지모노가타리』의 제4권 「유가오」에 근거를 두고 만든 것으로, 『겐지모노가타리』의 문장을 요약하거나 시를 그대로 인용하고 있다.

교토를 방문한 중이 고조[五条] 근처 폐가에서 한 여인을 만난다. 이곳은 겐지와 유가오가 몰래 만났던 장소로, 유가오가 밀회 중에 모노노케에 홀려 사망하였다고 말해 주고 여인은 사라진다. 이 여인은 유가오의 망령으로, 후반부에 다시 나타나 겐지와의 옛날 일을 회상하며 춤을 춘다.

이상과 같이 『겐지모노가타리』를 소재로 한 전통연극들은 이야기의 에센스를 채취, 재구성하였지만 『겐지모노가타리』에 나오는 문장이나 시 그리고 권명 등을 이용하여 명문장들을 만들어 내었다. 『겐지모노가타리』를 얼마나 깊이 이해하고 있었는지를 나타내는 근거이기도 하다. 이런 연극을 통해 『겐지모노가타리』 속에 그려진 사랑과 인생의 집착, 허무함을 느낄 수 있었고, 연극의 소재가 아닌 소설로서 『겐지모노가타리』를 읽게 한 동기가 되었다.

이 책은 당시에도 베스트셀러였다. 궁궐에 있는 황녀들이나 궁녀들이 읽었고 천왕과 지식인도 이 작품을 읽었다는 것을 작자의 일기를 통해 알 수 있다. 후대의 시인들도 이 작품을 반드시 읽어야 할 필독서로 지정하고 시적 미의식과 감흥을 얻을 수 있는 원천으로 인식하고 있었다. 그래서 이 작품에서 사용된 시구를 인용하거나 일부 단어를 인용, 『겐지모노가타리』에서 표현한 이미지를 떠올리게 하는 시적 수사법 등을 사용하는 일이 다반사였다. 근세에도 『겐지모노가타리』에 대한 많은 그림들이 제작되고 유포되었으며, 주석서와 일부 내용을 발췌하여 독자들의 마음속에 깊은 감동을 주는 문학적 소양교재로 사용되기도 하였다.

『겐지모노가타리』가 그림으로 표현될 때는 각권의 절정이라고 할 수 있는 명장면이 그려졌다. 「하와키기[帚木]」에서는 비 오는 날 저녁 여성품평론[雨夜の品定], 「아오이[葵]」에서는 마차싸움[車爭い], 「미오쓰쿠시[澪標]」에서는 수미요시참배[住吉詣], 「와카무라사키[若紫]」에서는 겐지가 미소녀(무라사키노우에)를 바라보는 장면 등이 대표적이다. 부채나 병풍 등에도 이와 같은 장면이 똑같은 구조로 그려져 있다. 아마도 수요자

겐지모노가타리 박물관.

들의 요구에 의한 것 일 것이다.

현재에도 이 작품은 연구서는 물론 누구나 쉽게 읽을 수

이천 엔 지폐.

있도록 현대어로 번역되어 있고, 등장하는 여성에 초점을 맞추어 제작된 CD, 또는 만화나 영화로 제작되어 많은 사랑을 받고 있으며 관련 상품들도 인기를 얻고 있다. 그리고 일본의 2천 엔짜리 지폐에도 『겐지모노가타리』에 나오는 스즈무시[鈴虫]의 그림이 삽입되어 있다.

그림의 배경은 8월 15일 밤, 겐지가 온나산노미야[女三の宮]를 방문하였을 때 겐지의 남동생인 호타루효부쿄노미야[螢兵部卿宮]와 유기리[夕霧] 그리고 귀공자들이 모여서 방울벌레의 울음소리를 들으며 연회를 개최한 장면이다. 지폐에 등장한 인물은 왼쪽 편이 레제인[冷泉院]이고 그 맞은편이 겐지이다. 레제인은 겐지가 자기의 의붓어머니와 불륜을 저질러 낳은 자신의 친아들이다. 그리고 9행의 글씨가 적혀 있는데 한자와 변자체로 적혀 있기 때문에 이해하기 힘들다. 게다가 인쇄된 것은 윗부분뿐이다.

이는 단지 고전문학으로서 중요한 위치를 차지하고 있기 때문에 지폐에 등장하였다기보다는 『겐지모노가타리』에서

전하고 있는 내용들이 현대인들도 공감할 수 있는 인간 존재의 의문과 본질 그리고 사랑과 종교와 같은 테마에 대해 언급하고 있기 때문일 것이다.

2장

시대적 배경과 작가

여류문학의 발흥과 새로운 문학의 탄생

 10세기 말부터 11세기에 걸쳐 일본에서는 천왕의 어머니의 조부나 숙부가 최고의 권력을 장악하는 외척정치가 정점에 달했다. 따라서 유력한 귀족들은 앞 다투어 자녀를 천왕의 후궁으로 들여보내고 재원들을 모집하여 가정교사로 삼았다. 당시 궁녀[女房]로 불린 가정교사들은 교양과 자긍심이 매우 강했고, 『백씨문집(白氏文集)』이나 일본의 시가집(詩歌集) 등을 언제 어디서나 인용할 수 있을 정도로 풍부한 지식을 소유하고 있는 엘리트 여성들이었다. 이런 여성들이 궁궐의 후궁을 중심으로 문학 살롱을 형성하였고, 뛰어난 여류시인과 작가들이 나타나 궁궐 여류문학은 최고조에 이른다.

 그 가운데에서도 정적관계에 있는 주인을 섬기고 있었던

무라사키 시키부[紫式部]와 세이쇼나곤[淸少納言]이 대표적 작가라고 할 수 있다. 두 사람 모두 시인, 학자 집안에서 태어나 남자들의 전유물이었던 한학의 교양을 익혔고, 일본의 역사와 시에도 정통하여 일본문학사에 『겐지모노가타리』『마쿠라노소시[枕草子]』 등 기념비적인 작품들을 남겼다.

이런 작품들이 탄생하게 된 배경에는 가나[仮名]의 발달과 와카[和歌] 부흥에 그 근원이 있다. 당시까지만 해도 남성은 당연히 한문으로 글을 썼지만, 가나의 발달로 여성들도 쉽게 읽고 쓸 수 있는 환경이 조성되었던 것이다. 처음에는 여자들의 글이라고 무시하던 남자들도 가나를 사용하여 일기나 소설을 쓰게 될 정도였다.

또 후궁사회는 남성출입금지 구역으로 여성들의 자유공간이었다. 따라서 독립된 자유시간을 확보할 수 있는 이점이 있었다. 당시의 결혼은 데릴사위제도와 같은 것으로, 귀족의 경우 가정의 주도권이 여성에게 있어 자유로운 시간 확보는 얼마든지 가능하였다. 충분한 여유와 화려한 귀족문화의 그늘 아래서 일부다처제의 불안정한 위치가 문학에 전념하게 했다고도 볼 수 있다.

모노가타리[物語]란 헤이안[平安]시대부터 무로마치[室町]시대까지 인물이나 사건에 대해 작자의 상상력과 지식을 이용하여 만들어진 산문 문학작품을 가리킨다. 한자가 아닌 가나로 적혀 있으며, 크게 허구의 세계를 전개하는 '창작 모노가타리'와 유명한 노래나 시인의 전설 등을 배경으로 만들어진 '노래 모노가타리'로 구분한다.

당시의 모노가타리는 동식물이나 자연 등을 의인화한 것이라든지 남녀의 연애이야기, 잡담이나 세상이야기 또는 옛날이야기가 주류를 이루고 있었다. 당초에는 남성 지식인에 의해 모노가타리가 씌어졌지만 주로 여성 독자들의 심심함을 달래기 위한 도구로서 만들어지고 읽혔다. 따라서 한시라든가 와카 등 전통적인 문학범위에 포함되지 못했고, 아동이나 부녀자들을 위한 독서상품이나 남성들의 소일거리 정도로 취급되었다. 그러나 공적인 사회생활을 영위하는 남성들과 달리, 가족 친척들과의 교제로 제한된 생활권 안에서 맴돌 수밖에 없는 귀족 여성들에게 모노가타리는 새로운 세계에 대한 경험과 상상력을 발휘하게 하는 문학적 위치를 차지하고 있었다.

가마쿠라[鎌倉, 1192~1333]시대에 쓰인 평론서 『무묘조시[無名草子]』가 다음과 같이 평가할 정도로 『겐지모노가타리』는 최고의 걸작이다.

> 『겐지모노가타리』를 창작하였다는 것은 현재뿐만 아니라 과거와 미래에 걸쳐 훌륭한 일이라고 생각한다. 부처님께 기원을 드

려 영감을 받아 작성되었다고 생각할 수밖에 없는 소지가 있다. 겐지 이후에 이야기 창작은 매우 쉬울 것이다. 『겐지모노가타리』를 표본으로 삼아 창작한다면 그 이상의 이야기라도, 그 이상의 작가가 있다고 하더라도 이상한 일은 아니다. 『겐지모노가타리』의 작가가 겨우 『우쓰호모노가타리[宇津保物語]』 『다케토리모노가타리[竹取物語]』 『수미요시모노가타리[住吉物語]』 등의 이야기만을 읽었을 뿐인데 이렇게 탁월한 이야기를 만들어 낸다는 것은 정말로 인간의 솜씨인지 의문을 품을 만한 위업이 아닐 수 없다.

『겐지모노가타리』는 동식물이나 자연물을 의인화하거나 연애이야기로 대별되는 이전의 창작소설과는 다르다. 종래의 틀을 파괴하고 인간의 진실을 탐구하는 새로운 이야기를 끊임없이 창조하여 '소설을 넘어선 소설'로 평가받고 있으며, 11세기 초 무라사키 시키부라는 여성에 의해 성립된 것이라는 점을 생각할 때 『겐지모노가타리』의 출현은 『무묘조시』에서 말한 것처럼 문학사의 기적이라고 해도 과언이 아닐 것이다. 그리고 소박하고 박력 있는 상대(上代) 문학과는 달리, 우아하고 섬세함을 기조로 본질에 깊이 몰입하여 느끼는 감동을 '아와레'라는 문학이념으로 표현하였다.

'아와레'는 마음속으로부터 자연스럽게 발설되는 감탄사

였지만 명사나 동사로 사용되면서 기쁨과 애착에 대한 감정을 나타내는 뜻으로 사용되었다. 그러나 후에는 슬픔과 연민의 감정까지도 내포하게 되었고, 내면적이며 마음속 깊이 느끼는 정감으로 『겐지모노가타리』에서 쉽게 찾아볼 수 있다. 이와 대립되는 또 다른 문학이념은 '오카시[をかし]'로, 지적이며 밝고 외향적인 정취이다. 이 두 가지 문학이념이 당시의 귀족문화의 특징을 단적으로 보여 주는 예이다.

이 작품은 총 54권으로 이루어져 있고 등장인물이 500명에 달한다. 그 가운데 이름 있는 인물만도 30명이 넘는 장편소설이며, 주인공인 히카루 겐지의 생애를 주축으로 4대 70여 년에 걸친 거대한 허구 세계가 귀족사회를 사실적으로 그리고 있다.

작자는 11세기 초 헤이안시대 귀족사회의 실상을 소재로 그곳에서 살아가는 사람들의 운명, 특히 여성의 삶을 예리하게 그리고 있다. 당시의 천왕과 남성 귀족들도 『겐지모노가타리』를 읽을 정도로 문학적으로도 뛰어나며 등장인물들의 명확한 존재감, 성격과 행동에 어우러지는 풍부한 자연묘사 능 남성 작가들에게는 찾아볼 수 없는 치밀하고 정교한 표현 등이 크게 평가 받았다.

이 소설에는 작자의 문학적 안목의 깊이를 엿볼 수 있는 선행 문학, 즉 와카, 가요, 한시(漢詩) 또는 일기, 이야기[物語],

수필 등이 흡수되어 있고, 전통적인 이야기의 틀 안에서 시작하면서도 선택과 통일의 균형을 이루고 있다. 그러면서 귀족 사회의 생활과 현실을 직시하여 인간 내면을 예리하게 응시하는 새로운 문학을 창출하였다는 데 커다란 의미가 있다.

작품 속에는 문학에 대한 작자의 생각도 나타나 있다. 25권인 「호타루[螢]」에는 "문학이라는 것은 신의 세계에서부터 인간의 세계를 그린 것이라고 한다. 역사서는 그 일면에 지나지 않는다. 문학이야말로 진실을 추구하는 삶이 정중하게 적혀 있다. 문학은 실재하는 인물의 사건을 사실 그대로 말하는 것이 아니라, 좋은 일이든 나쁜 일이든 이 세상을 살아가는 인간의 모습을 보고 듣는 것으로 끝나지 않고 후세에 전하고 싶은 사건을 자신의 가슴에 담아두지 않고 말하는 것이다"라고 문학에 대한 작가의 견해를 밝히고 있다.

그 요점은 '문학에 의한 현실 재현은 단지 사실을 기술하는 역사 이상으로 진실하다'는 의미로 받아들일 수 있을 것이다. 11세기 초의 이 문학론은 주목할 만한 가치가 있다. 『겐지모노가타리』의 작자는 벌써 천 년 전에 문학의 본질을 명확히 이해하고 그 토대 위에서 이야기를 진행시켜 나간 것이다.

작가 무라사키 시키부는 어떤 인물인가

 『겐지모노가타리』의 작자 무라사키 시키부[紫式部, 이후 시키부]의 생년월일과 사망일은 알려져 있지 않다. 단지 작자의 일기를 통해 1008년을 30세로 추정하고 978년에 태어났다고 보는 것이 일반적인 설이다. 하지만 결혼 당시의 연령과 작자의 일기를 분석하여 970년에서 973년 사이라고 주장하는 설도 있다.

 본명도 확실하지 않다. 후지와라 가오리코[藤原香子]라는 설도 있지만 의문점이 많다. 이치조 천왕[一条天皇]의 후궁 중 궁쇼시[中宮彰子]를 섬겼고, 도시키부[藤式部] 또는 무라사키 시키부로도 불렸다. 당시 궁중에서 활약했던 여성은 자신의 성과 아버지의 관직명을 합쳐 이름을 만들어 불렀다. 성은 후지와라[藤原]이고 아버지의 관직명이 시키부[式部丞]였으므로 도시키부가 통상적인 이름이었고, 『겐지모노가타리』가 궁중에서 인기를 얻자 여자 주인공의 이름을 패러디하여 무라사키 시키부라고 불린 것 같다.

시키부는 지방 관리인 아버지 후지와라 다메토키[藤原爲時]와 어머니 후지와라 다메노부[藤原爲信] 사이에서 태어났다. 어머니는 3명의 자녀를 낳고 세상을 떠났는데 시키부는 2녀1남 중 차녀였다. 아버지는 당대 유명한 한학자며 문인으로 태자에게 학문을 가르쳤고 시인으로도 유명하였다. 사교에는 뛰어나지 못해 출세에 어려움이 있었으나 직접 천왕에게 탄원서를 제출하여 지방 관리직을 얻었다는 이야기가 전해진다.

4살 때 어머니를 여읜 시키부는 매우 총명했으며, 한학자인 아버지의 학문을 이어받아 소녀시절부터 한문학에도 소양이 깊었다. 그 단적인 예로 아버지가 노부노리[惟規]에게 한문을 가르치고 있을 때 시키부가 옆에서 듣고 노부노리보다 빨리 기억한 것을 보고 아버지가 '이 아이가 남자였다면' 이라고 한탄했다는 일화가 시키부 자신의 일기에 기록되어 있다. 아버지의 교육으로 인해 여자이면서 남자의 시각으로 사물을 관찰하는 능력을 갖추게 되었고, 이것이 『겐지모노가타리』 여러 곳에서 남녀 양성의 이중적 사고를 표출하게 하는 토대가 되었다.

시키부는 998년 후지와라 노부타카[藤原信孝]와 결혼하였다. 족보상으로 남편은 사촌에 해당한다. 그는 이미 여러 명의 처가 있었고 연령도 40대 후반이었다. 당시 시키부는 20세(혹은 24~5세 또는 27~8세라는 설도 있음)였다. 결혼은 아버지와 남편이 친한 사이였기 때문에 아버지의 부추김에 의한 것으로 보기도 한다. 당시의 습관으로 볼 때 매우 늦은 결혼이었고 본처도 아니었다. 시키부가 이전에 이미 결혼 경험이 있었던 것으로 보는 학자도 있다. 청춘시절에는 몇 명의 애인이 있었다고 전해지지만 그녀의 내성적인 성격 탓인지 결실은 맺지 못했다. 결혼 다음 해 딸을 출산하였지만, 3년 뒤 남편 노부다카는 49세로 사망한다. 궁중에서 일하게 된 것은 그로부터 3년 뒤의 일이고 나머지 생애는 미망인으로 보냈다.

시키부가 『겐지모노가타리』를 쓰기 시작한 것은 남편의 사후로 추정한다. 곧 『겐지모노가타리』는 종래의 이야기 틀과 상식을 깨는 새로운 형태의 소설이라는 높은 평판을 얻게 된다. 후궁 중궁쇼시[中宮彰子]를 섬기게 된 것도 『겐지모노가타리』의 작자라는 명성 때문이었을 것이다.

중궁쇼시의 아버지는 권세 유지를 위해 중궁 주위에 명망 있는 재원들을 모집하고 있었다. 당시의 유명한 시인인 아카조노에몬[赤染衛門], 이세타이후[伊勢大輔], 이즈미시키부[和泉式部] 등이 중궁을 섬기고 있었다. 시키부가 개인교사로서 중궁을 섬긴 것은 1005년경이었지만 신망을 얻어 1013년까지 지속되었던 것 같다. 퇴직하고 나서 37세(혹은 42~45세 정도)로 사망한다.

무라사키 시키부 공원.

중궁이 천왕의 후궁으로 출가한 뒤 시키부가 『겐지모노가타리』를 어느 정도 진척시켰는지는 알 수 없지만 1008년에는 적어도 「와카무라사키[若紫]」권을 중심으로 하는 여러 권들이 유포되고 있었다는 것을 그녀의 일기를 통해 알 수 있다. 이때 이미 완성되었는지 혹은 중궁이 후궁이 된 후에도 계속 집필을 한 것인지는 알 수 없다. 『겐지모노가타리』의 원본은 소실되어 없고, 200년 후 가마쿠라[鎌倉]시대의 사본이 가장 오래된 것이다. 집필 순서도 현재와 같은 순서인지 나중에 가필이나 삽입된 권들이 있는지도 불분명하다. 제33권 「후지노우라바[藤裏葉]」권까지 나중에 삽입된 권이 16권이나 있다는 설도 있고, 「니오우미야[匂宮]」「고우바이[紅梅]」「다케가와[竹河]」의 3권은 위작이라는 설도 있으며, 「우지 10권[宇治十帖]」이외에도 후편이 별도로 있었다는 등 성립과정에 대한 여러 설이 있지만 확실치는 않다. 따라서 여러 명의 작가에 의해 만들어졌다는 설도 제기되고 있다. 단지 54권의 순서가 현재와 같이 결정되기까지는 유동적인 시기와 사정이 있었다는 것은 충분히 예상할 수 있다.

『겐지모노가타리』 시대의 풍속과 문화

정치

　당시의 천왕은 본처 외에도 여러 명의 여인을 거느렸다. 천황의 정실부인인 황후(皇后)는 뇨고[女御]들 중에서도 단 한 명밖에 될 수 없었고, 대신의 딸만 황후가 될 수 있었다. 대신의 딸인 경우 왕자를 낳지 않아도 황후가 될 수 있었지만, 왕자를 출산한 황후는 최고의 권력을 행사할 수 있었기 때문에, 뇨고들은 황후가 되기 위해 치열한 경쟁을 벌였다. 중궁(中宮)은 황후의 별칭이라고도 볼 수 있다. 뇨고는 천왕의 일반 후궁들 사이에서 신분이 제일 높은 축에 속했다. 태자나 대신의 딸과 같은 높은 신분을 가진 집안의 딸만이 뇨고가 될 수 있었다. 천황의 후궁 중 뇨고 다음가는 지위를 가진 후궁이 고이[更衣]다. 다이나곤[大納言] 이하 계급의 딸이 후궁이 되면, 고이란 이름으로 불렸다. 후궁 중에서도 신분이 낮은 축에 속해서, 겐지의 친어머니인 기리쓰보 고이[桐壺更衣]는 낮은 신분으로 천황의 총애를 독차지하여 미움을 받았다. 미야스도코로[御息所]는 '천황의 침실' 이란 뜻으로, 뇨고나 고이 중에서 왕자나 왕녀를 낳은 사람에게 주어지는 지위였다. 또 고이보다 낮은 신분인 천황의 후궁을 일컫기도 했다. 후궁들을 모시는 궁녀나 시녀로는 뇨보[女房]가 있었는데, 이들은 궁중의 각종 잡일을 담당했다. 그러나 신분이 높은 사람들의 측근에서 모든 일을 대신 처리하기 때문에, 교양도 있고 똑똑하며, 어느 정도 신분도 있는 여자라야 했다. 『겐지모노가타리』의 작자 무라사키 시키부도 바로 이 뇨보로서 궁중에 들어갔다.

『겐지모노가타리』의 주인공인 히카루 겐지의 어머니는 기리쓰보 고이였고 아무리 천왕의 총애를 받는다 하여도 중궁이 될 수는 없었다. 천왕에게 자신의 딸을 결혼시킨 부모의 최대 관심사는 딸이 남아를 출생하는 것이었다. 태자가 천왕으로 즉위하면 외가 쪽의 권세와 영화가 보장되었기 때문이었다. 반면 귀족의 아내들은 여자아이의 출산을 원했다. 만약 딸이라면 천왕과 결혼시킬 수 있는 가능성이 있었고, 당시의 결혼형태는 데릴사위제도여서 딸을 권력 있는 집안과 혼인

시킨다면 일가친척들의 전도양양한 앞날을 기대할 수 있었기 때문이었다.

생활

옷에다 향수를 뿌리고 방에도 향을 피웠다. 목욕할 수 있는 기회가 적은 헤이안시대에는 5일에 한 번 정도 목욕을 하였고 욕조에 들어가 몸을 담그는 것이 아니라 뜨거운 물을 몸에 붓는 정도였다. 그래서 향은 없어서는 안 되는 물품이었다. 게다가 화장실이 독립되어 있는 것이 아니라 방안에 조그만 항아리를 두고 변기로 사용하였기 때문에 향을 피워 냄새를 제거하는 향수 문화가 발달하였다

일본에서 조명기구가 발달한 것은 에도시대에 들어와서부터이다. 헤이안시대는 조명기구도 부족했고 극히 제한된 장소에서만 사용되었다. 밤에 불을 밝히는 것은 달빛과 초롱불뿐이었다. 사람들은 어둠 속에 귀신이나 원령, 정령들이 헤매고 돌아다닌다고 생각하였다. 한편 남녀의 만남도 밤중에 이루어져서 촉감이나 후각에 의해 판별하였다. 조명이 없는 밤의 생활은 공포와 두려움을 가져다주었다. 병에 걸리는 것도 알 수 없는 존재, 즉 모노노케로부터 온 것이며 이는 질투나 원한에 의해 귀신이 옮겨 붙은 것이라고 해석하였다. 이 모티브는 『겐지모노가타리』에도 자주 등장한다.

연애 · 결혼관

귀족 여성들은 처음 만나는 남성에게 곧바로 얼굴이나 자태를 보여 주어서는 안 되었다. 연인관계라든지 결혼할 상대가 되면 비로소 얼굴을 보여 줄 수 있었다. 만남은 한밤중에 이루어진다. 남자가 아침이 되어 상대방 여자의 집에서 나가는 것은 예의에 어긋나는 일이었고, 새벽에 남자는 자신의 의복을 남겨 두고 여자의 옷을 입고 헤어지는 풍습이 있었다. 서로의 의상에 남아 있는 체취를 통해 사랑의 마음을 키우기 위한 조치였을 것이다.

당시 귀족들의 결혼은 일부다처제였다. 많은 아내와 첩 중에서 자신의 가문과 정략 조건에 맞는 본처[正妻]와 함께 생활하고, 다른 여성들은 친정이나 별도의 장소에서 생활하였으며 남편이 방문하는 형태였다. 외척정치의 영화를 누린 후지와라노 미치나가[藤原道長]는 본처 두 사람 외에 많은 여성들과 관계를 맺었고, 본처의 자식만도 12명이나 되었다.

귀족 여성들은 가족 이외의 남성에게 모습을 보여서는 안 되었다. 외출도 하지 못하였고 남성과 이야기를 할 때는 발을 쳤다. 해가 지고 나서 비로소 만날 수 있었고 남자는 감촉과 냄새로 상대 여성을 감지하였다. 때문에 향수가 발달하였고 의복에 뿌려진 향수로부터 신분이나 계급 그리고 취향 등을 서로 알 수 있었다. 『겐지모노가타리』에서도 실내나 의복에 뿌린 향수, 종이 냄새 등 여러 가지 향에 대한 묘사가 등장한다.

패션

헤이안시대를 대표하는 여성들의 패션은 12벌의 옷을 겹쳐 입는 것이다. 많은 경우에는 20벌이 넘는 경우도 있어 그 무게만도 18kg에 이른다. 당연히 우아하고 느린 동작이 될 수밖에 없었다. 이 시대에 12벌의 의상문화가 활짝 꽃피게 된 원인은 후궁들이 경쟁의식에서 비롯된 것이다. 자신을 아름답게 보여 천왕의 사랑을 차지하기 위한 몸부림이었다. 겹쳐 입었을 때의 색의 조화, 문양, 그리고 계절감각 등을 갖추어야 미녀가 되는 조건을 충족할 수 있었고, 쌀뜨물로 머리를 감으면 아름다운 머릿결을 유지할 수 있다고 믿었다.

금지 색

엄격한 계급사회였던 헤이안시대는 궁중에서 근무하는 관리들의 의복은 계급에 따라 색깔을 달리하였다. 자신의 지위보다 아래 계급의 색은 자유롭게 입을 수 있었지만 상위 계급의 색은 입을 수 없었다. 어길 경우에는 엄하게 처벌되었다. 특히 홍색과 황록색, 적색, 짙은 보라색은 천왕과 그 가족만이 입을 수 있는 신성한 색이어서 절대 사용할 수 없었다.

그리고 귀족들은 잘 배합된 색상의 옷으로 아름다움을 나타냈는데, 이것이 바로 그 사람의 미적 감각을 보여 주는 것이었다. 겹쳐 입는 옷의 색은 200여 종류나 되고 계절과 장소, 연령과 취향에 따라 의상을 맞추는 것이 궁녀들의 역할이었다. 비록 한 벌의 옷일지라도 겉옷과 속옷의 색을 조화시키지 않으면 안 되었다.

화장

미의 기준은 시대에 따라 변한다. 헤이안시대 미인의 조건은 하얀 피부에 얼굴 윤곽이 뚜렷하지 않고 부드러워야 했다. 그래서 여성들의 화장법도 하얀 얼굴을 강조하기 위해 치아를 검게 칠하고 코를 낮게 보이기 위해 볼을 붉게 칠하였기 때문에 코 주변이 붉었다고 한다. 하얀 분을 자주 발랐기 때문에 눈썹까지 뽑았다고 한다. 짙은 화장이 떨어지지 않게 하기 위해 입을 벌려 크게 웃는 일은 없었다고 하니 미인이 되기 위해서는 부단한 노력이 필요하였다.

놀이

바둑은 천왕으로부터 귀족, 궁녀, 승려에 이르기까지 널리 유행했던 놀이였다. 6세기경 중국에서 전래되어 상류계층으로 퍼졌고 성무(聖武) 천왕이 애용하던 바둑판이 지금도 남아 있다. 원래 중국에서는 거문고, 바둑, 그림, 글씨의 사군자를 애용하는 전통이 있었고, 바둑은 남자들의 고상한 취미로 인식되어 있었다. 그러나 일본에서는 궁녀들 사이에서 유행하였고 교양 있는 여성들의 취미로 각광받았다. 『겐지모노가타리』에서도 두 여성이 만개한 벚꽃 아래에서 바둑을 두는 장면이 나오고 내기를 하기도 한다.

게마리(공차기)

게마리[蹴鞠]는 헤이안시대 귀족들의 놀이로 버드나무, 벚나무, 소나무, 단풍나무를 네 곳에 세워 코트를 만들고 각각의 나무 아래에 2명씩 8명이 한 조가 되어 얼마나 공을 떨어뜨리지 않고 오래 차는가에 따라 승부를 결정하는 놀이이다. 먼저 소나무 아래에 있는 사람이 3번 공을 찬 다음 토스를 한다. 그러면 순서에 따라 공을 패스하고 이것을 떨어뜨리지 않고 얼마나 오랫동안 찰 수 있는지를 겨루는 남성들의 경기이다. 주위에는 밖으로 나간 공을 안으로 차 주는 4명의 사람과 심판이 있어서 공을 찬 횟수를 센다. 적게는 50번부터 많게는 1000번까지 이어지지만 대개는 500번을 넘어가는 경우가 거의 없었다.

『겐지모노가타리』에 얽힌 전설들

54권으로 이루어진 『겐지모노가타리』는 한번에 만들어진 것은 아니며, 여러 해에 걸쳐서 순서도 다르게 완성된 장편소설이다. 작자의 일기를 보면 작품의 일부분이 유포되었고, 남녀 모두에게 호평을 받은 것으로 되어 있다. 작자인 시키부가 죽고 나서 4, 5년 뒤에 어떤 사람은 54권 중 50여 권이나 소장하고 있다고 기록한 일기도 있으며, 『겐지모노가타리』 이후에 많은 모노가타리가 만들어졌다고 전하는 서적도 있어 커다란 영향력을 미쳤다는 것을 짐작할 수 있다. 그리고 12세기 전반에 이 소설이 그림으로 그려져 전해졌고, 시인들 사이에서는 '겐지사랑'이라는 제목으로 시를 만든 예가 있다.

『겐지모노가타리』에는 작자 자신의 와카가 795수가 삽입되어 있고, 전 시대의 와카나 시가 다량으로 인용되어 있어 일본어의 아름다움과 문학적 감각이 녹아 있는 뛰어난 일본 고전 문학이다. 당시 모노가타리는 어린아이나 여자가 즐기는 2류 문학으로 평가 받고 있었지만 유명한 시인 후지와라노 순제[藤原俊成]는 『육백번우타아와세[六百番歌合]』(1193년)에서 모노가타리를 와카[和歌]와 대등한 문학으로 인정하고 시인이 읽어야 할 필독서로 규정할 정도로 작품성을 높게 평가하였다. 이렇듯 『겐지모노가타리』에 대한 인기와 감상이나 평가, 영향력이 여러 전설들을 만들어 내게 되었다.

『겐지모노가타리』에 대한 전설은 일찍이 헤이안시대의 『고혼설화집[古本說話集]』과 가마쿠라 초기의 『무묘죠시[無名草子]』에서 찾을 수 있다. 이것들에 의하면 다이자이인센시나 이신노[大齋院選子內親王]가 조토몬인 쇼시[上東門院彰子]에게 무언가 재미있는 이야기가 없느냐고 묻자, 쇼시의 명에 의해 무라사키 시키부가 『겐지모노가타리』를 만들어 진상했다고 한다.

또한 남북조시대에 성립된 『겐지모노가타리』 주석서 『가카이쇼[河海抄]』에서는 무라사키 시키부가 이야기를 집필하기 위해서 이시야마[石山] 절에 있을 때, 때마침 호수에 비친 달을 보고 소설의 구상이 떠올라 수마[須磨] 아카시[明石] 권부터 쓰기 시작했다고 하는 소위 이시야마 전설을 전하고 있다.

『겐지모노가타리일품경[源氏物語一品經]』에서는 허구의 이야기인 『겐지모노가타리』를 만든 작자나 이 책을 읽은 독자들도 지옥에 떨어져 후세의 사람들이 겐지를 위해 공양을 했다는 내용이 적혀 있다. 『이마카가미[今鏡]』에는 허구의 이야기를 썼기 때문에 시키부는 뜨거운 지옥에서 고통을 당하고 있지만, 여자의 신분으로 이만한 작품을 만든다는 것은 시키부가 인간이 아니라 관음보살의 화신(化身)이었기 때문이라는 관음화신설이 적혀 있다. 이 설은 중세에 여러 형태로 널리 퍼져나갔다.

『겐지모노가타리』의 명성이 높아갈수록 그것이 부처의 가호에 의하지 않고서는 완성될 수 없다는 견해 또한 널리 유포되었다. 『호부츠슈[宝物集]』에서도 허황된 이야기를 만든 죄 때문에 시키부가 지옥에 떨어져 고난을 당하고 있다는 지옥추락설을 전하고 있다. 그래서 지옥에서 고난을 당하고 있는 시키부를 구하기 위해 『겐지일품경[源氏一品經]』도 제작되었고, 이 전설을 바탕으로 전통가면극 노[能]에서는 「겐지구요[源氏供養]」이라는 타이틀로 연극이 만들어지기도 했다.

3장

주요 등장인물 및 줄거리

주요 등장인물

히카루 겐지[光源氏]

　기리쓰보 천황의 두 번째 아들로, 뛰어난 용모와 자질 때문에 '빛나는 왕자[光る君]'로 불렸다. 세살 때 어머니와 사별했고, 외국 사신이 본 관상 결과와 주위 환경으로 의해 신하로 강등된다. 12세 때 성인식을 치르고 아오이노우에[葵上]와 결혼한다. 그 후 유부녀 우쓰세미[空蟬], 원령에게 살해된 유가오[夕顔] 등과 관계를 맺었으며, 기타야마를 방문했을 때 후지쓰보[藤壺]를 꼭 닮은 소녀 무라사키노우에[紫上]를 발견하고 자신의 집으로 데려와 양육한다. 어머니인 기리쓰보 고이[桐壺更衣]와 닮은 후지쓰보 중궁을 사모하여 관계를 맺고, 그 결과 레제인[冷泉院]이 탄생하였다. 추녀 수에쓰무하나[末摘

花], 늙은 여인 겐노나이시노스케[源典侍], 태후의 여동생 오보로쓰기요[朧月夜] 등과도 관계를 맺었다. 유기리[夕霧]를 낳은 아오이노우에는 가모 축제 때 자리다툼이 원인이 되어 로쿠조노 미야스도코로의 생령으로 인해 사망한다.

기리쓰보 천왕 사망 후 정치적 불운이 계속된다. 후지쓰보는 겐지의 집착을 끊기 위해 출가하고, 겐지는 오보로즈키요와의 밀회가 발각되어 수마로 유랑한다. 꿈속에 나타난 선친의 지시에 따라 아카시[明石]로 이동하고 그곳에서 아카시노기미[明石君]와 만난다. 교토로 돌아온 겐지는 내대신으로 승진하고 죽은 로쿠조노 미야스도코로의 딸 아키고노무[秋好] 중궁을 입궐시켜 뒤를 돌보아주고 왕후가 되게 한다. 아카시에서 태어난 딸은 상경하여 무라사키노우에의 양녀가 된다. 출생의 비밀을 알게 된 레제인은 겐지에게 양위를 하려고 했지만 겐지가 고사한다. 완성된 로쿠조인[六条院]에 사계절의 풍류를 따라 여성들을 거주하게 한다. 39세 때 준태상(准太上) 천왕이 된다.

수자쿠인[朱雀院]의 딸 온나산노미야[女三宮]와의 결혼을 고사하다가 결국 수자쿠인의 부탁을 거절할 수 없이 결혼하였지만 너무 어리고 기대에 벗어나서 애정을 느끼지 못했다. 그리고 가오루[薫]가 가시와키[柏木]와 온나산노미야 사이에 태어난 불륜의 아들이라는 것을 알고 괴로워한다. 이 결혼으로 깊은 병을 얻은 무라사키노우에는 출가를 원하지만 겐지가 허락하지 않는다. 무라사키노우에가 죽은 뒤, 사람들과 만나지도 않고 무라사키노우에를 추모하면서 세월을 보내며 사가[嵯峨]에서 여생을 마감한다.

아오이노우에[葵上]

겐지의 본처. 유기리의 어머니. 극적인 죽음을 맞이하였기 때문에 나중에 아오이노우에라고 불리게 되었다. 수자쿠인이 태자일 때 그와 결혼하기를 바랐지만, 겐지 성인식에 관을 씌워 주는 역할을 담당한 아버지 좌대신의 뜻에 의해 겐지의 아내가 되었다. 겐지보다 4살 연상이고 단정하고 고상한 기품을 지녔다. 허물없는 부부 사이는 아니었지만, 결혼 9년째 되는 봄, 임신을 계기로 좀더 가까워진다. 겐지가 행사에 참여하고 있는 가모신사[賀茂神社]에서 봉사할 왕녀 행렬의식을 구경하러 나갔을 때, 좋은 자리를 잡기 위해 로쿠조노 미야스도코로와 다툼이 일어난다. 이때 아오이노우에의 종들에 큰 창피를 당한 미야스도코로는 그 원한으로 인해 원령이 되어 유기리를 출산한 아오이노우에를 죽게 만든다.

아카시노기미[明石君]

아카시지방을 방문했던 겐지와 결혼하여 아카시 중궁(中

宮)을 낳는다. 거문고와 비파의 명수이다. 강인한 정신을 가지고 있고 아카시지방에서 자라나서 이 이름이 붙여졌다. 어머니와 딸과 함께 오이[大堰] 지방으로 이주하고 겐지의 간절한 소망에 의해 딸을 무라사키노우에의 양녀로 보내는 것에

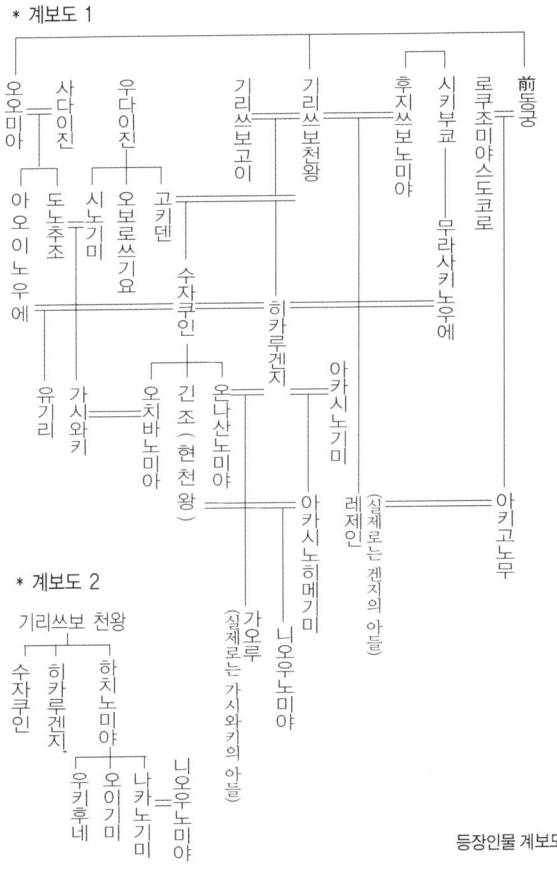

등장인물 계보도.

동의한다. 로쿠조인 저택의 북쪽, 즉 겨울에 해당하는 곳에 거주하고 딸인 아카시 중궁이 태자와 결혼할 때 후견인 역할을 맡는다.

무라사키노우에[紫上]

겐지와 결혼하지만 자식은 없었다. 학질에서 벗어나기 위해 불공을 드리러 기타야마[北山]를 방문했던 겐지와 만난다. 겐지는 후지쓰보와 닮은 어린 소녀를 자신의 거처로 데리고 가려고 하지만 조모의 반대로 이루어지지 않고 조모가 죽은 후 데리고 와서 자신이 양육한다. 본처인 아오이노우에가 죽은 후 첫날밤을 같이 한다. 아카시 중궁을 키우고 로쿠조인 저택의 남쪽, 봄에 해당하는 곳에 거주한다. 겐지가 온나산노미야를 아내로 맞이해야 한다는 사실을 알고 충격을 받지만 내색하지는 않는다. 그 후 돌연 발병하여 니조인[二条院]으로 거처를 옮기지만 4월에 병이 더욱 더 깊어진다. 이는 미야스도코로의 원령에 의한 것임을 알게 된다. 회복하는 듯 하였지만 완전히 낫지 못하고 다음 해 8월 14일에 죽는다. 겐지는 생전에 출가를 희망했던 소원을 들어주기 위해 죽은 무라사키노우에에게 출가자에게 계율을 주는 의식을 행하고 그 후 겐지도 아무도 만나지 않고 무라사키노우에를 그리워하며 1년을 보낸다.

로쿠조노 미야스도코로[六條御息所]

 전 태자비였고 아키고노무 중궁[秋好中宮]을 출산한다. 고상한 취미의 소유자로 알려져 있고 특히 우아한 필치로 유명하다. 겐지와 몰래 사랑을 나누었다. 가모신사 축제 때 구경할 자리를 두고 아오이노우에 일행과 다툼이 일어나 많은 사람들 앞에서 크게 모욕을 당한다. 이를 계기로 원령이 되어 아오이노우에를 죽게 한다. 겐지와 이별한 후, 이세신궁(伊勢神宮)에서 봉사하게 될 딸과 함께 이세로 내려간다. 딸이 임무를 마치자 같이 상경해 로쿠조[六条]에 살지만 병을 얻어 출가하고, 겐지에게 자신의 딸을 부탁하며 죽는다. 죽은 후 귀신이 되어 무라사키노우에를 위독하게 만들고 온나산노미야를 출가시킨다.

가오루[薫]

 표면상으로는 겐지와 온나산노미야 사이에 태어난 아들이지만, 실제는 가시와키[柏木]와 온나산노미야 사이에서 태어난 아들이다. 이 세상 것이라고는 생각할 수 없을 정도로 아름다운 체취를 지니고 있어서 사람들이 가오루라고 불렀다. 성실하며 천왕이나 중궁으로부터 총애를 받았다. 신랑감으로도 인기가 높았지만 자신의 출생을 의심하여 불도에 심취한다. 불도의 친구이며 속성(俗聖)이라고 불리는 하치노미

야[八の宮]로부터 출생의 비밀을 듣게 된다.

하치노미야에게는 오이기미[大君], 나카노기미[中君]라는 두 명의 딸이 있었는데, 가오루에게 그녀들의 장래를 부탁하고 죽는다. 가오루가 오이기미에게 청혼을 하지만 오이기미는 오히려 나카노기미를 소개한다. 오이기미를 단념하지 못한 가오루는 나카노기미를 니오우미야[匂宮]와 결혼시키고 자신은 오이기미와 결합하려고 하였지만 뜻을 이루지 못하고 오이기미는 병으로 죽는다. 가오루는 나카노기미를 니오우미야와 결혼시킨 것을 후회하고, 오이기미를 대신하여 우키후네[浮舟]를 맞이한다. 가오루 몰래 니오우미야와 사귀고 있었던 것이 발각된 우키후네는 자살을 하려고 한다. 죽은 줄로 알고 있었던 가오루는 정성껏 명복을 빈다. 아카시 중궁으로부터 우키후네가 살아 있다는 소식을 듣고 그녀의 동생을 보내 돌아오게 하려고 하지만 그녀는 오로지 독경과 불경 적는 일에 전념한다.

니오우미야[匂宮]

긴조 천왕[今上帝]의 세 번째 태자로 어머니는 아카시 중궁. 비파의 명수로 가오루의 향기로운 체취에 대항하여 의복에 향수를 뿌리고 다녔다. 무라사키노우에의 손에 의해 키워졌고 유산으로 받은 니조인에 거주하였다. 가오루로부터 들은 하치노미야의 딸들에게 관심이 있었다. 가오루의 중개로 나카노기미와 결혼하지만 니오우미야를 걱정한 어머니 아카시 중궁은 나카노기미가 있는 우지[宇治]에 가지 못하게 한다. 오이기미가 죽은 뒤에 나카노기미를 니

「겐지모노가타리」 기념상.(가오루와 우키후네로 추정됨)

조인으로 맞이한다. 나카노기미가 아들을 출산하자 한때는 나카노기미와 가오루의 관계를 의심하기도 하였지만 두 사람의 관계는 안정되어 간다. 그 후 나카노기미의 거처에 몸을 의탁하고 있었던 우키후네를 보고 마음이 빼앗겨 그녀와 사랑을 나눈다. 이 사실을 알게 된 가오루는 자신이 먼저 아내로 삼으려고 하지만 이루지 못하고 우키후네는 실종된다. 우키후네가 죽은 줄로만 알고 있던 니오우미야는 그녀와의 관계를 나카노기미에게 고백하고 슬픔을 잊기 위해 여러 여성과 사랑을 한다.

기리쓰보 고이[桐壺更衣]

아버지의 유언에 따라 입궐하여 기리쓰보 천왕의 후궁이 되었다. 후견인도 없는 고이의 신분이면서도 천왕의 총애를 받아 히카루 겐지를 낳았다. 다른 후궁들로부터 시기와 질투를 받아 중병에 걸리고 겐지가 3살 되는 해 여름에 죽는다.

후지쓰보 중궁[藤壺中宮]

기리쓰보 천왕의 간청에 의해 결혼, 총애를 한 몸에 받는다. 겐지의 양모(養母)였지만 기리쓰보 고이와 닮아 겐지가 연모하는 대상이 된다. 겐지의 뜨거운 열애를 받아 겐지와의 밀애로 레제인을 낳고 죄의식으로 고민한다. 기리쓰보 천왕이 사망한 후, 겐지의 끈질긴 구애로 곤궁에 처하나 자식인 레제인의 왕위 계승을 위해 출가한다. 후에 며느리인 아키고노무[秋好] 중궁을 맞이하기 위해 진력을 다한다. 37세로 사망.

온나산노미야[女三宮]

수자쿠인의 세 번째 딸로, 수자쿠인이 출가를 앞두고 겐지와 결혼시킨다. 겐지의 옛 친구인 도노츄조[頭中將]의 아들 가시와키[柏木]와는 겐지와 결혼하기 이전부터 사귀고 있었고 그와 정을 통해 가오루를 임신하게 된다. 가시와키로부터 온 편지가 겐지에게 발각되고 가시와키와의 교제가 탄로난다. 아기를 낳은 후 아버지인 수자쿠인의 손에 이끌려 출가하고 겐지가 죽은 후에는 불도수행에 전념한다.

1부: 이상적 삶의 추구

『겐지모노가타리』는 다음과 같이 3부로 나뉜다.

제1부 「기리쓰보[桐壺]」 권 ~ 「후지노우라바[藤裏葉]」 권: 청춘과 영화
제2부 「와카나노카미[若菜上]」 권 ~ 「마보로시[幻]」 권: 죄의 응보와 죽음
제3부 「니오우미야[匂宮]」 권 ~ 「유메노우키바시[夢浮橋]」 권: 죽음을 넘어선 세계

이 세 갈래는 또한 각각의 주제를 지닌 3부 구성이다. 내용이 분리되기도 하지만 장편 계열의 소설과 단편소설이 대

립과 통합의 경과를 거쳐 구성된 것으로 여기고 있다.

제1부는 「기리쓰보[桐壺]」부터 「후지노우라바[藤裏葉]」까지의 33권으로, 주인공 히카루 겐지의 화려한 전반부 인생을 그린 부분이다. 주인공의 성장과정과 여러 여인과의 관계, 정적(政敵)의 연인과 즐기던 밀회가 발각되어 수마(須磨)로 유랑하게 된 사건, 그리고 그곳에서 만난 여인 아카시노기미[明石君], 다시 교토로 돌아온 후 승진과 영화의 길을 걷게 되는 과정, 대저택을 조성하고 그곳에 4계절을 본뜬 정원을 만들어 사랑하는 여인들을 살게 하는 등 영화가 최고조에 달한 부분이다.

제1권인 「기리쓰보」에서는 먼저 궁중의 후궁 세계에 대한 소개부터 시작한다. 후궁이란 궁중 깊숙한 곳에 있는 천왕의 여인들을 말한다. 이 작품의 실제 대상인 된 다이고[醍醐] 천왕은 후궁들, 즉 뇨고[女御]가 5명, 고이[更衣]가 19명이나 있었다고 한다. 첫 번째 권의 시작은 '어느 천왕 때의 일이었던가'라는 내용으로 시작, 주인공의 일생을 이야기하는 구성으로 되어 있다. 시대를 말하고 주인공의 부모를 소개하는 능 주인공의 출생과 성장에 대해 이야기를 전개하는 순서를 밟고 있다. 그리고 주인공이 성공하여 행복한 결말을 맞이한다는 해피엔드의 전통적인 형식이다. 이런 구성은 이전의 모노가타리 『다케도리모노가타리[竹取物語]』『이세모노가타리[伊

勢物語』와 동일한 형태이다. 전통적인 형식을 따르고 있지만 『겐지모노가타리』는 내면의 문제를 안고 있는 주인공 설정이라든지 새로운 인물이 계속적으로 창조되고 있다는 등의 새로운 시도를 하고 있다. 시작부분에서도 이전의 이야기가 '옛날 옛날에'라고 시작하는 것과는 달리 신선하다. '옛날 옛날'이라는 막연한 시점에서 종래의 이야기가 출발한 것이라고 한다면, 구체적인 과거의 한 시점을 도려내 '어느 천황 때의 일이었던가'라고 매우 역사적이며 실제적인 사건을 바탕으로 출발하고 있는 점이 새롭다.

기리쓰보 왕조에서 출발하여 수자쿠인 왕조, 레제인 왕조로 이야기가 진행되어 간다. 주인공에 초점을 맞춘다면 이야기는 주인공의 탄생, 성장, 결혼, 연애, 유랑, 귀환, 영화, 몰락이라는 격정의 생애를 그리고 있지만 유소년기, 청년기, 노년기의 배경에는 왕조가 교체되는 역사가 깔려 있다. 이전 소설과 다른 또 한 가지는 주인공의 부모에 대한 이야기를 1권에서 상세하게 묘사하고 있는 점이다.

어느 천왕의 때. 엄격한 신분계급으로 이루어진 후궁사회에서 아버지도 후견자도 없는 고이 계급의 기리쓰보 후궁이 천왕의 각별한 총애를 받는다. 기리쓰보는 이미 첫 번째 왕자를 낳은 뇨고를 비롯해 주위의 많은 여인으로부터 질투와 증오를 집중적으로 받게 되고, 그런 탓인지 생기도 없고 잦은

병치레로 친정으로 가는 날이 많아진다. 그럴수록 천왕의 애착은 깊어지고 그런 가운데 여인은 두 번째 왕자를 낳고 병으로 죽는다. 바로 이 아이가 『겐지모노가타리』의 주인공인 히카루 겐지이다.

천왕은 성장하면서 절세의 미모와 발군의 재능을 발휘하는 두 번째 왕자 겐지를 자신의 후계자로 생각하고 있었지만, 그의 장래를 걱정하여 신하로 강등시켜 겐지[源氏]라는 성을 하사한다. 겐지는 성년이 된 뒤 좌대신의 딸 아오이[葵]와 결혼한다. 천왕과 친척관계였던 좌대신은 강력한 권력을 얻게 되고, 정적(政敵)관계에 있는 우대신을 제압하게 된다. 겐지는 어렸을 때부터 죽은 어머니를 대신하여 후궁으로 들어온 계모 후지쓰보[藤壺]를 사모하게 되고 시간이 지나 연모의 정으로 바뀌어 결국 금기를 범하게 된다.

후지쓰보와의 죄과로 인한 인과응보가 『겐지모노가타리』의 주제라고 할 수 있으며, 겐지의 인생 역정에 투영되어 있다. 이후 영원한 이상형인 후지쓰보의 모습을 찾아, 젊고 왕성한 히카루 겐지의 여성 편력이 시작된다. 17세 때의 여름, 비오는 날 겐지는 좌대신의 아들과 신하로부터 들었던 여러 계층의 여성에 대한 이야기를 듣는다. 이것이 그가 중류계층의 여성에게까지 관심을 가지게 하는 계기가 된다. 다음 날 가끔씩 여행을 하다가 쉬어가던 곳의 늙은 주인인 이요노스케[伊

予介의 젊은 후처 우쓰세미와 하룻밤을 같이한다. 그러나 그녀는 겐지에게 마음이 끌리지만 신분의 차이를 알고 두 번 다시 겐지와 만나려고 하지 않는다. 그 무렵 겐지는 유모의 병문안을 갔다가 이웃집에 사는 고조[五条]거리의 여인 유가오와 정을 쌓지만 유가오는 원령의 습격을 받아 죽는다.

다음 해 후지쓰보의 모습을 지니고 있는 순진무구한 소녀를 발견하고 그 소녀를 자신의 집으로 데려와 양육한다. 그 여인이 바로 나중에 겐지가 가장 사랑하는 아내가 되는 무라사키노우에[紫上]이다. 또 추한 여인 수에쓰무하나[末摘花]. 겐지가 20세 되던 해 2월 하순에는 정적 우대신의 여섯 번째 딸이며 고키덴[弘徽殿] 태후의 동생인 오보로쓰기요[朧月夜] 등과 관계를 가진다. 오보로쓰기요는 이복형인 수자쿠인과 결혼할 상대였기 때문에 결국 겐지가 우대신의 의도를 좌절시키는 결과가 되어, 후에 겐지가 실각하고 유랑하는 원인이 된다. 레게덴 뇨고[麗景殿女御]의 여동생인 하나치루사토[花散里], 고상하고 우아한 취미를 지녔으며 동궁비였던 로쿠조노 미야스도코로 등과도 방만하고 일방적인 연애생활이 계속된다.

세월이 흘러 아버지가 천왕의 자리에서 물러나고 이복형인 수자쿠인이 즉위하자 정치의 실권은 수자쿠인의 외조부인 우대신 쪽으로 옮겨간다. 우대신은 좌대신이나 겐지와는 정적(政敵) 관계였다. 항상 번잡했던 겐지의 니조 저택은 한

산해지고, 겐지는 사람들의 무정함과 권력의 허무함을 실감한다. 겐지의 계모 후지쓰보는 우대신 일족이 권력을 독점하고 있는 상황에서 자신의 아들인 레제인의 장래를 지키기 위해 겐지에게 의지하면서도 개인적인 감정을 억누르고 냉담하게 대한다.

가모[賀茂]축제를 구경 나온 로쿠조노 미야스도코로는 겐지의 본처인 아오이의 하인들에게 모욕을 당한다. 분노와 원한에 사무친 미야스도코로는 원령으로 변해 유기리[夕霧]를 출산한 아오이를 저주로 죽여 버린다. 미야스도코로도 죄책감으로 인해 겐지의 주위에서 떠나기로 결심하고 이세(伊勢) 신궁에서 봉사하게 될 딸을 따라 이세로 내려간다. 본처와 애인을 연속적으로 잃은 겐지에게 아름답게 성장한 무라사키[紫]와의 첫날밤이 그의 마음을 위로할 뿐이었다. 정적 우대신의 딸 오보로쓰기요와의 만남은 위험한 상황에서도 계속되지만, 어느 비 오는 날 밤 우대신 저택에서의 밀회가 발각되어 겐지는 곤경에 빠진다. 수자쿠인의 어머니인 태후 쪽에서는 이것을 빌미로 겐지를 추방하려고 계획을 꾸민다.

오보로쓰기요의 밀회로 태후의 격노를 사게 된 겐지는 정계에 몸 둘 곳이 없어졌을 뿐만 아니라 잘못하면 관직을 박탈당하고 어떠한 처분도 각오하지 않으면 안 되었다. 이것을 두려워한 겐지는 어쩔 수 없이 스스로 교토를 떠나 수마(須磨)

로 향한다. 교토를 떠나기 전에 무라사키노우에를 비롯한 사랑하는 사람들과 이별을 고하고 아버지의 묘를 참배하고 난 후, 3월 하순 몇 명의 하인을 거느리고 수마로 출발한다. 이로써 수마 아카시[明石]에서 약 1년 반 정도의 쓸쓸한 생활이 시작된다. 수마는 황량하고 인적도 드물어 화려한 궁중의 생활과는 달리 쓸쓸하기 짝이 없는 곳이었다. 겐지의 유일한 낙은 궁중 사람들이나 미야스도코로의 편지에서 위로를 얻는 것이었다.

겐지의 유랑은 소설의 주인공이 각지를 유랑하는 운명을 타고났다는 귀인(貴人)유랑설을 토대로 한 것으로, 아라와라노유키히라[在原行平]나 수가와라미치자네[菅原道眞] 등 역사상 유명한 인물들의 사실과 전승설화를 근거로 한 점에서 이전의 이야기 형태와 크게 다르지 않다. 그러나 배경이나 인물의 심리표현은 유명한 시나 와카를 적절하게 인용하여 리듬감과 현장감을 살리고 있어 『겐지모노가타리』 중에서도 가장 탁월한 문장으로 꼽힌다. 무라사키 시키부가 비와 호수[琵琶湖]에 비친 달을 보고 영감을 얻어 「수마」권부터 쓰기 시작했다는 전설도 바로 이런 문장에서 비롯된 것이다.

수마는 옛날 아리와라노 유키히라가 쓸쓸하게 지내던 곳이다. 그는 다음과 같은 유명한 시를 남겼다.

누군가 내 안부를 묻는다면 수마 해변에서
눈물을 흘리며 슬프게 지낸다고 전해 주구려.

『겐지모노가타리』에서는 이 시를 인용하여 수마에서 유랑생활을 하고 있는 겐지의 적적함과 외로운 감정을 그대로 표현하고 있다. 가을이 되어 적막함이 그지없음을 다음과 같은 시를 인용하여 표현했다.

나무 사이로 비치는 달빛을 바라보니
가슴 깊이 슬픈 가을이 왔구나.

또 가을바람의 쓸쓸함을 유키히라의 시를 인용하여 다음과 같이 표현했다.

나그네의 소매가 싸늘하구나.
관문소를 넘어오는 수마의 바닷바람

수마의 바닷바람이 파도를 일으켜 밤마다 가깝게 밀려오는 물소리가 혼자 가슴을 여미며 가을밤을 맞을 수밖에 없는 겐지의 심정으로 변환되어 있다. 편안히 잠을 잘 수 없어서 베개를 세우고 기대고 있으면 사방에서 불어오는 바람으로 거친 파도가 근처까지 다가오는 듯하고, '홀로 잠든 돌 베개를 눈물로 뜨게 하는 것처럼 자신도 모르게 눈물로 베개를 적신다'는 유명한 시인의 시구를 인용하여 수마의 쓸쓸한 풍경을 묘사해 애수의 음률과 시가 그대로 유랑의 쓸쓸함을 대변하도록 하였다.

다음 해 봄, 교토에서 친구가 안부 차 방문하여 재회를 기뻐하며 눈물을 흘렸다. 음력 3월3일, 이날은 예부터 목욕재계를 하며 액을 씻어 내는 풍습이 있다. 겐지도 해변에 나가 몸을 씻고 있을 때 갑자기 폭풍우가 불고 파도가 치며 번개와 천둥이 쳐서 큰 소동이 일어났다. 폭풍우는 며칠이고 계속되었고 겐지의 집도 벼락으로 일부가 타버렸다. 그날 밤 겐지의 꿈에 죽은 아버지의 영이 생전의 모습으로 나타나 빨리 해변을 떠나라고 권고한다. 그날 새벽 아카시에 있는 뉴도[入道]도신의 계시를 받고 겐지를 맞이하러 온다. 겐지는 아카시에 있는 뉴도 일가의 환영을 받으며 아카시로 옮긴다. 뉴도는 자손 중에서 천왕과 왕후가 태어난다는 꿈을 믿고 있어서 겐지를 자신의 딸 아카시노기미[明石君]와 결혼시킨다.

한편 궁궐에서는 폭풍우 등 이상기온이 현상이 계속되고 수자쿠인의 꿈속에 죽은 아버지가 나타나는 등 불길한 사건이 연속해서 일어나고, 수자쿠인은 눈병으로 괴로워한다. 이후 정국에 파란이 계속되고 태후도 병을 얻고 태정대신(太政

大臣)이 죽는 소동이 일자 결국 조정은 겐지를 다시 궁궐로 불러들이기로 결정한다. 때마침 아카시에서는 아카시노기미가 임신을 한다. 겐지는 다시 교토로 돌아가게 된 것을 기뻐하면서도 아카시 가족과의 이별로 마음이 무거워 아카시노기미가 한층 더 사랑스럽게 느껴졌다. 귀경한 겐지는 곤다이나곤[權大納言]으로 임명된다. 다음 해 수자쿠인이 양위를 하자 레제[冷泉] 천왕시대가 되었고, 겐지는 내대신으로 승격한다.

3월에 아카시노기미가 딸을 출산한다. 딸의 출생이 겐지에게 의미하는 바는 실로 크다고 할 수 있다. 겐지의 자녀는 본처인 아오이 사이에 태어나 최고의 신하가 된 유기리[夕霧]가 있고, 계모인 후지쓰보에게서 태어난 죄의 자식 레제 천왕이 있다. 그리고 아카시노기미 사이에 태어난 딸은 후에 중궁이 되어 니오우미야[匂宮] 등의 태자를 낳는다. 이와 같이 겐지의 세 자녀는 모두 그의 장래에 결정적인 역할을 담당하게 된다. 특히 딸은 겐지가 황실의 외척으로서 든든한 반석위에 서게 하는 중요한 역할을 한다.

겐지는 아카시에 있는 가족을 교토로 상경시키려고 서두르고 무라사키노우에에게 이 사실을 알린다. 겐지는 수미요시[住吉]신사를 참배한 후, 아카시노기미를 만난다. 하지만 그녀는 겐지의 위세에 놀라 자신의 하찮은 신세를 한탄한다. 그때 로쿠조노 미야스도코로도 귀경하지만 자신의 딸을 겐지에게 부탁하고 죽는다. 그녀의 딸은 후에 겐지의 도움으로 궁궐이 입궐하여 우메쓰보 뇨고[梅壺女御]가 된다.

겐지가 수마에 유랑하고 있는 동안 하나치루사토[花里散]는 처참한 생활을 보내고 있었다. 시녀들도 하나 둘 모두 떠나갔지만 황량한 저택에 남아 외롭게 생활한 것은 오로지 겐지의 방문을 믿고 있었기 때문이었다. 겐지는 수마에서 돌아왔지만 그녀를 방문하지 않았다. 다음 해 4월 낮익은 황량한 저택을 지나가던 겐지는 하나치루사토와 재회하게 되고 오로지 자신만을 기다리고 있었던 그녀의 지조에 감동을 받아 집을 수리해 주고 생활을 도와준다. 2년 뒤 그녀를 니조인으로 이사시키고 계속해서 돌봐 준다.

아카시노기미가 딸과 함께 상경하자 겐지는 드디어 딸을 만나게 된다. 겐지는 딸을 무라사키노우에에게 양육을 시키고 싶다고 말하고 아카시노기미도 이를 허락한다. 딸을 니조인에서 맞이한 무라사키노우에는 자신의 딸인 양 정성껏 키운다. 그 해 천재지변이 계속되고 겐지의 장인이 사망한 뒤 얼마 되지 않아 겐지의 영원한 여인상인 후지쓰보도 병을 얻어 사망한다. 겐지는 염불당에 들어가 하루 종일 울었다. 49재가 끝났을 때 천왕은 자신의 아버지가 겐지라는 것을 어머니가 의지하던 승려로부터 듣고 고민 끝에 겐지에게 양위를 하려고 하지만 겐지는 고사한다.

훌륭하게 성장한 겐지의 장남 유기리가 성인식을 치르자, 겐지는 엄격한 교육방침을 세우고 낮은 신분으로 유기리를 대학에 입학시킨다. 유기리는 수재의 자질을 보이며 과거에 급제한다. 같은 해 겐지의 양녀는 중궁이 되고 겐지는 최고 관직인 태정대신(太政大臣)이 된다. 그리고 구모이노가리[雲井雁]의 아버지인 도조추조는 내대신이 된다. 자신의 딸을 왕후로 만들고 싶어 하는 내대신은 유기리와 딸의 밀애를 알고 두 사람을 떼어 놓으려고 한다. 겐지는 죽은 로쿠조노 미야스도고로의 저택 뒤에 로쿠조인[六条院]이란 대저택을 조성한다. 저택의 넓이는 17,456평에 이르고 이를 4계절로 나누어 봄 저택에는 무라사키노우에가 살고 여름 저택에는 하나치루사토[花散里], 가을 저택에는 아키고노무[秋好] 중궁이, 겨울 저택에는 아카시노기미가 거주토록 하여 이상적인 생활을 실현하였다.

옛날 겐지에게 사랑받으면서 덧없이 죽어간 유가오[夕顔]에게 딸이 있었는데 이름이 다마카즈라였다. 다마카즈라는 3살 때 유모를 따라 지금의 규슈로 내려가 그녀의 아들 분고노스케[豊後介]에 의해 양육된다. 그녀의 미모가 알려지면서 그 지방의 호족이 집요하게 청혼을 해오자, 다마카즈라는 이를 피해 몰래 교토로 돌아온다. 교토로 돌아왔지만 몸을 의탁할 만한 곳도 없어, 하세 절[長谷寺]에서 신의 가호를 빌고 있을 때 우연히 지금은 겐지를 섬기고 있는 죽은 어머니의 시녀를 만나게 되어 겐지의 저택으로 들어가게 된다. 이후 호화스러운 겐지의 저택을 무대로, 돌연히 등장한 아름다운 다마카즈라를 중심으로 한 화려한 이야기가 사계절의 변화와 더불어 전개된다. 이 「다마카즈라」부터 「마키바시라」까지의 10권은 다마카즈라를 둘러싼 연애이야기로서 예부터 다마카즈라 10권으로 불리고 있다.

다마카즈라의 미모는 겐지의 저택을 출입하는 귀공자들에게도 소문이 나서 풍류객, 대신의 아들 가시와키[柏木], 무례하고 재능도 없는 히게구로[髭黑] 등이 적극적으로 청혼을 한다. 겐지는 부모의 입장에서 그들에게 어떻게 대답해야 할지를 지시하기도 하지만 그녀의 아름다움에 반해 겐지 자신도 때로는 부모답지 않는 행동을 하기도 하여 다마카즈라를 곤혹스럽게 한다. 장맛비가 내리는 날 겐지는 다마카즈라를 방문해 그 유명한 문학론에 대해 피력한다. 다마카즈라 청혼이야기는 무례한 히게구로의 승리로 싱겁게 끝을 맺는다.

한편 겐지의 아들 유기리와 내대신의 딸 구모이가리[雲井雁]와의 사랑은 딸을 태자비로 만들고 싶은 구모이가리 부모의 반대로 난관에 봉착하게 된다. 하지만 구모이가리 어머니가 죽고 그 일주기를 맞이하는 시기부터 내대신의 마음에 변화가 생겨, 4월 등나무 축제 때 유기리를 불러 딸과의 결혼을 허락한다고 슬며시 얘기한다. 결국 두 사람의 오랜 사랑이 성취된다.

11세가 된 아카시노기미의 딸은 성인식을 마치자 궁중에 들어가기로 결정된다. 생모인 아카시노기미가 후견인으로서 동행하여 처음으로 딸과 함께 생활하게 된다. 생각하면 자기 자식을 무라사키노우에에게 맡긴 것이 벌써 8년, 그동안 한 번도 만날 수 없었고 딸의 장래를 생각해 참고 견딘 슬프고 힘든 세월이었다. 무라사키노우에와 아카시노기미는 처음으로 대면하고 서로의 인품을 존경하게 된다.

겐지는 천왕에 준하는 특별한 지위를 수여 받고, 자식인 유기리는 종삼위(從三位)에 해당하는 직책에 오른다. 10월에는 수자쿠인과 레제인이 함께 겐지의 저택을 방문한다. 겐지는 신분상으로나 경제적으로도 더할 나위 없는 영화를 누린다.

기리쓰보[桐壺]에서 시작, 수마에서의 유랑을 거쳐 후지노우라바[藤裏葉]의 영달에 이르기까지 이야기의 전개는 주인공이 커다란 시련을 거쳐 행복에 이른다는 통상적인 플롯으로 되어 있다. 이는 이전의 모노가타리 형식과 같은 것이다. 이런 관점에서 볼 때 「후지노우라바」권에서 『겐지모노가타리』가 끝나도 결코 부자연스럽다고는 할 수 없다. 해피엔딩이 모노가타리의 전형적인 구성이었으므로 전과 같이 대미를 장식하는 것이 상식일 것이다. 그러나 『겐지모노가타리』는 오히려 이후에 커다란 과제가 존재함을 암시하고 있다. 지위도 명성도 부도 여성관계도 모두 만족할 만큼 영화에 도달한 겐지에게, 다른 사람이 알지 못하는 심각한 고뇌, 즉 죄의 응보가 뚜렷한 형태로서 나타나기 시작한 것이 바로 2부이다. 40대를 맞이하여 영화의 절정에 있는 겐지 앞에 새로운 운명이 시작되고 있는 것이다.

1부에서는 아오이와의 결혼, 장남 유기리의 탄생, 영원한 여인상인 후지쓰보에 대한 연모, 그 결과 레제인 탄생, 수마·아카시 지방으로 유랑, 그곳에서 아카시노기미와의 만남, 그리고 그녀와 사이에 태어난 딸 등 예언 그대로 이야기가 전개된다. 후지노우라바 권에서 예언이 모두 그대로 적중되고 해피엔딩으로 끝난다.

옛 형식을 따르고 있으면서도 끊임없이 그 틀을 벗어나 새로운 인물이 창조되고 있는 것이 1부의 특징이다. 소설 배경이 되는 외척정치의 실상이 왕위계승을 둘러싼 권력다툼과 대신들의 권력욕, 알력과 탐욕 등으로 표현되고, 신분의 차이를 넘어 히카루 겐지의 처가 된 아카시노기미의 설정은 자신의 자식을 떼어 놓지 않으면 안 되는 당대 여성의 현실을 그대로 보여 주는 장면이기도 하다. 영원한 이상형인 후지쓰보의 설정은 고대소설에 나타난 주제와 동일한 것이지만 조카에 해당하는 무라사키노우에를 등장시켜 성장과정과 생활모습에서 정신적인 만족감과 내면적인 이상상을 추구하는 것은 『겐지모노가타리』가 처음으로 시도한 주제였다고 할 수 있다. 무라사키노우에는 여자로서 감당해야 할 운명을 짊어지고 고뇌의 인생을 걸어간다. 1부에서 이미 새로운 인간 창조와 현실을 벗어날 수 없는 운명을 그리고 있는 것이다.

2부: 인과응보로 인한 비극적 운명

　제2부는 와카나[若菜] 상권부터 마보로시[幻]까지의 8권으로 구성되어 있다. 인과응보와 고뇌에 찬 주인공의 만년 모습과 고독하고 쓸쓸한 심경에 초점을 맞추고 있다.

　「기리쓰보」로부터 「후지노우라바」까지의 제1부가 겐지의 탄생으로부터 39세 겨울까지의 영화를 이야기한 것이라면, 「와카나」 상권부터 「마보로시」까지, 40세부터 52세까지의 제2부 8권은 죄의 대가와 그 영광의 내면적인 붕괴를 그린 것이라고 할 수 있다.

　그 계기가 된 것이 수자쿠인의 딸 온나산노미야[女三宮]와의 결혼이다. 병약하여 출가의 뜻을 강하게 비친 수자쿠인은 자신이 물러난 뒤 뒤를 돌봐 줄 후견인이 없는 14세의 온나산노미야의 장래가 걱정되었다. 심사숙고한 끝에 믿을 만한 이복동생인 겐지에게 부탁하기로 결정한다. 겐지는 여러 번 고사하였으나 천왕의 간청에 어쩔 수 없이 온나산노미야를 아내로 받아들이고 자신의 집으로 맞이한다. 이 젊고 고귀한 온나산노미야와의 결혼에 가장 충격을 받은 것은 겐지가 가장 사랑하는 아내 무라사키노우에였다. 애정과 신뢰를 바탕으로 결혼생활을 유지해왔지만, 이 결혼을 계기로 믿음을 잃고 배신감을 느껴 두 사람 사이에 균열이 생기기 시작한다. 무라사키노우에는 상심의 나날을 보낸다. 내면의 고뇌를 숨기고 평온한 모습을 가장하면서 결혼식을 준비하는 무라사키노우에의 심정은 이루 말할 수 없이 괴로웠다. 견딜 수 없는 불안과 슬픔으로 인해 무라사키노우에는 점차 병약해지고 현실에 대한 불신과 회한으로 한층 더 불도에 정진하게 된다.

한편 겐지는 젊고 아름답지만 그뿐인 온나산노미야에게 실망하여 따뜻한 애정도 주지 못한다. 그러나 온나산노미야에게는 이전부터 연정을 품고 있었던 청년이 있었다. 바로 내대신의 아들인 가시와키[柏木]였다. 그는 온나산노미야가 겐지와 결혼한 후에도 그녀에 대한 연정을 포기하지 못하고 있었는데, 어느 봄날에 겐지의 저택에서 열린 게마리[蹴鞠] 모임에 참여했다가 우연찮게 발이 올라가는 바람에 온나산노미야의 아름다운 자태를 보게 되었다. 그 이후로 연모의 정은 더욱 더 깊어만 갔고, 때마침 겐지가 무라사키노우에를 병문안하는 일이 잦아지자 이를 틈타 결국 온나산노미야와 정을 통하고 말았다. 이 사건을 알게 된 겐지는 크게 화를 내고 슬퍼하였지만 자신이 젊은 날에 저지른 후지쓰보와의 과실을 상기하고는 인과응보의 무서움을 생생하게 실감하면서 두려움에 떤다.

겐지를 배신한 젊은 두 사람에 대한 보상은 엄했다. 어느 날 연회에 가시와키를 초청한 겐지는 술에 취해 가시와키를 비꼰다. 비밀이 탄로 난 것을 안 가시와키는 공포와 자책으로 병을 얻는다. 한편 온나산노미야는 불륜으로 생긴 가오루[薫]를 출산하고 겐지의 냉대를 참을 수 없어 출가한다. 그 사이 로쿠조노 미야스도코로의 원혼이 다시 나타나 무라사키노우에의 발병과 온나산노미야의 출가는 자신이 꾀한 일이라고 말하며 쾌재를 부른다. 자책으로 인해 손쓸 수 없는 중병에 걸린 가시와키는 병문안 온 친구 유기리에게 뒷일을 부탁하고 죽는다. 성실한 유기리는 죽은 가시와키의 미망인 오치바노미야[落葉宮]를 위로하며 돌봐 주는 사이에 동정이 사랑으로 변하여 본처인 구모이노가리[雲居雁]의 질투와 아버지 겐지의 충고도 듣지 않고 오치바노미야를 집으로 데리고 온다.

이 무렵, 무라사키노우에의 병은 더욱 악화되어 출가의 뜻을 밝히나 겐지가 허락하지 않는다. 그녀는 여름이 되니 극심하게 쇠약해졌고, 병문안 온 아카시 중궁에게 사후를 부탁하고 8월 14일 새벽 이 세상을 떠난다. 가장 사랑하는 아내를 잃은 겐지는 살아갈 기력도 없어졌다. 해가 바뀌었지만 겐지의 슬픔은 깊어만 가고 죽은 무라사키노우에를 그리워하며 누구도 만나려고 하지 않는다. 사계절의 풍물과 행사도 모두 죽은 아내를 생각나게 하는 유물일 뿐이었다. 겐지는 홀로 쓸쓸히 죽은 아내를 그리워하며 조용히 신변을 정리하는 데 힘쓴다. 오로지 출가왕생을 기리며 생활하고 있는 겐지의 여생은 우아한 취미생활과 영화가 극에 달했던 이전의 화려한 모습은 찾아볼 수 없고 고독의 그림자만 깊게 드리워져 있을 뿐이었다. 섣달 그믐날에 손자 니오우미야의 귀신을 쫓아내는 모습을 보고 겐지는 이별의 노래를 부른다.

> 깊은 상념에 빠져 세월의 흐름도 잊은 사이에
> 한 해도 내 인생도 오늘로 끝나는가.

이것은 겐지가 말년에 부른 노래이다. 올 한해와 함께 내 인생도 끝난다는 이 노래는 세상에 대한 이별가라고 해도 좋을 것이다. 겐지가 다음 해 출가하여 사가[嵯峨]에 칩거했다는 것을「가시와키[柏木]」에서 전하고 있지만 그렇다고 해도 고독에 젖은 겐지의 뒷모습은 인상적이다.

히카루 겐지는 52세로 생애를 마친 것으로 보인다. 2부의 마지막인 마보로시[幻] 다음에는 구모가쿠레[雲隱]라는 권명만 있고 내용이 없다. 원래 이 권은 작자와 관계가 없고 후세의 누군가에 의해 만들어진 것이라고 추측하기도 한다. 그러나 구모가쿠레란 뜻이 인간의 죽음을 의미하므로 겐지가 왕생했다는 것을 상징적으로 나타낸 것이라고 생각할 수 있다. 옛날 주석서 가운데에는, 겐지의 임종 모습이 너무나 절절하여 이를 읽은 독자들이 너나없이 슬픔에 빠져 출가를 하자 천왕의 명령으로 이 부분이 불태워졌다고 설명하고 있는 것도 있다. 하지만 이는 신빙성이 없다. 단지 작자도 사랑하는 주인공의 죽음을 말로 다 표현할 수 없었기 때문에 죽음의 결말을 독자의 상상에 맡기기 위해 구모가쿠레라는 권명만 적었다는 것이 설득력이 있다. 또는 원래 작자하고는 관계가 없는 것일 수 있다.

제2부는 영화의 정점에 서 있었던 겐지가 온나산노미야와의 결혼을 계기로 고뇌에 찬 인간으로 변모해 가는 모습과 그로 인한 가족 간의 비극적인 갈등관계를 그려내고 있다. 원래 1부와 2부의 이야기는 주인공의 생애를 연속적으로 묘사한 것으로 특별히 구분하여 부르지는 않았다. 단지 후세의 학자가 1부와 2부 사이에는 내용이라든지 사상 그리고 문체 등이 현저히 다르다는 것을 알고 1부와 2부로 나누어 부르게 된

것이다.

2부에서는 온나산노미야와의 결혼을 계기로 어두운 그림자가 드리워진다. 온나산노미야는 기대에서 벗어난 여성이었고, 겐지가 얻은 것은 본처의 지위에서 물러난 무라사키노우에의 고뇌와 자신에 대한 실망과 불신뿐이었다. 무라사키노우에는 후지쓰보의 투영이었고, 겐지 자신의 애정 그 자체였다. 무라사키노우에가 겐지의 애정에 의심을 품게 되었으므로 겐지의 애정이 무너진 것이나 마찬가지였다. 그리고 겐지는 온나산노미야와 무라사키노우에 사이에서 방황하며 자신의 위치도 찾지 못한다. 1부에서 묘사된 이상적인 겐지의 모습과는 상상도 할 수 없는 연약한 인간의 내면이 그려져 있다. 이것이 2부의 겐지이다.

온나산노미야가 가시와키와 밀통하여 죄의 자식인 가오루를 출산한다. 이 사건이 남편에게 배신당해 괴로워하는 무라사키노우에와 함께 온나산노미야에게 배신당한 겐지의 고뇌이며 인과응보의 결과로 나타나고 있다. 인과응보가 2부의 핵심 키워드이다. 온나산노미야와의 결혼으로 심신이 약해신 무라사키노우에는 병을 얻어 죽는다. 무라사키노우에의 종말을 장식한 것은 가을 풍물이다. 눈물과 무상의 상징인 이슬, 가을바람을 통해 그녀의 죽음이 묘사되고 있다. 무라사키노우에는 후지쓰보의 모습을 지닌 여성으로 설정되어 남편 겐지와 고난을 함께하고 독자적 성장을 이룬 여성상으로 그려지고 있다. 그녀의 죽음은 인연의 존재를 넘어선, 겐지의 영원한 여성으로 승화되어 있으며, 그녀의 죽음 뒤의 겐지의 여생은 남아 있지 않았다.

3부: 숙명의 우지[宇治] 사람들

　제3부는 겐지의 사후 이야기로 니오우노미야[匂宮]와 가오루[薫]라는 두 귀공자의 활약으로 시작된다. 처음 3권은 지금까지의 이야기와 여자들의 결혼을 둘러싼 주위의 동정을 이야기하면서 점차로 우지에서 활약하는 젊은 두 귀공자, 족보상으로는 겐지의 자식이지만 실제는 가시와키와 온나산노미야 사이에서 태어난 불의의 자식인 가오루와, 겐지의 외손자로서 아카시 중궁의 세 번째 태자인 니오우노미야 두 사람에게 초점을 맞추어 각각의 자질과 성격의 차이점을 대조적으로 소개하고 있다.
　가오루는 태어날 때부터 몸에서 향기가 나는 특이한 체질이었다. 자신이 겐지의 친자식이라는 점에 의심을 품고 있었고 우울한 성격의 소유자였다. 불교철학에 심취하였으며 세상에 대한 비관으로 출가하려는 생각을 가지고 있었다. 가오루가 연애를 좋아하지 않고 자기를 억제하는 인간으로 설정되어 있는 반면, 니오우노미야는 향기로운 체취를 지닌 가오루에 대항하여 특별한 향기를 옷에 뿌리고 다니며, 성격도 명랑하고 사교적이며 플레이보이의 모습이다. 가오루가 유약하고 사색적인 데 반해 니오우노미야는 강하고 행동적인 모습으로 두 인물이 매우 대조적으로 그려지고 있다.

하시히메[橋姬] 이후의 10편은 이야기의 무대를 우지[宇治]로 설정하고 있기 때문에 '우지10권'이라고 불렸다. '우지10권'의 출발인 하시히메는 다음과 같이 시작하고 있다.

> 그때 세상으로부터 잊혀져 간 황족이 있었다.

'그때'로 시작된 '우지10권'은 '어느 때인가'로 시작하는 『겐지모노가타리』의 처음 시점과는 달리 작자 자신과 가까운 시대를 배경으로 이야기를 시작하고 있다. 겐지의 이야기가 역사소설이라면 '우지10권'은 현대소설이라고 말할 수 있을 것이다. 독자들은 마치 자신의 신변에서 일어난 사건을 다루는 현재 시점의 소설을 읽는 것처럼 착각할 것이다. 하지만 계속해서 소개되는 등장인물은 아무런 매력도 없이 현세에서 잊혀져 가는 옛 왕족의 이야기다. 1권인 「기리쓰보」의 서두가 강하게 독자의 관심을 끌어들인 것에 반해 이것은 그다지 매력이 없다. 게다가 계속되는 황족의 내력과 자녀양육의 고생담은 작자의 현실을 쓰고 있는 듯한 느낌이다.

걱정되는군. 누구에게 물어보면 좋을까.
시작과 끝을 알 수 없는 내 신세

이 시는 출생의 비밀 때문에 괴로워하는 가오루의 노래이다. 히카루 겐지의 아들로서 아무런 부족함이 없는 귀공자가 실은 죄의 대가로 태어난 자식이라는 사실이 세상을 등지고 불도에 정진하게 하는 숙명적인 인간을 만들었다. 등장인물의 이런 모습은 이전의 모노가타리에서는 찾아볼 수 없는 특이한 것으로 근대적이라고 할 수 있다. 이 숙명의 청년 가오루를 중심으로 '우지10권'에서는 인과응보의 이야기가 전개된다.

일찍 어머니와 사별한 겐지의 이복동생인 하치노미야(八宮)는 두 명의 딸과 함께 우지에서 세상을 등지고 실의에 찬 생활을 보내고 있었다. 가까운 사이였던 또 다른 이복동생도 죽고 교토에 있던 집도 화재로 소실되어 우지산장에 은거하고 있었다. 출가하고 싶은 마음은 있지만 딸 양육이 걱정되어 속세에 있으면서 불도에 정진한다.

　한편 현세를 등지고 살아가려 했던 가오루는 하치노미야의 소문을 듣고 우지를 방문한다. 하치노미야도 젊고 장래가 촉망되는 가오루의 불심에 크게 탄복하여 서로 불도의 친구로서 교제를 계속한다. 가오루는 아름다운 하치노미야의 딸을 보고 연정을 품게 되지만 동시에 하치노미야 집안을 섬기는 시종 여인으로부터 자신이 가시와키의 아들이라는 출생의 비밀을 듣고는 더욱 더 염세사상에 빠져 든다.

　하치노미야는 가오루에게 딸들의 장래를 부탁하고 딸들에게는 황족의 품위를 더럽히지 말라고 당부하면서 산사에서 수행하는 모습으로 세상을 떠난다. 가오루는 딸들을 동정하는 마음으로 이것저것 돌봐 주는 사이에 두 딸 중 언니인 오이기미[大君]에게 연정을 품게 된다. 그러나 오이기미는 쉽게 마음을 열지 않는다. 그녀도 가오루의 인품을 믿지만 여동생 나카노기미[中君]의 장래를 걱정하여 여동생을 가오루와 맺어 주려고 생각하고 있었다. 전부터 가오루로부터 우지의 두 여자에 대한 이야기를 들었던 니오우노미야는 하쓰세[初瀨]를 참배하고 돌아오는 길에 우지에 들러 두 여인을 만나게 된다. 가오루는 오이기미가 여동생을 걱정하고 있는 것을 알고 계략을 꾸며 니오우노미야와 여동생을 결혼시키고 자신은 오이기미와 결혼하려고 했으나 오히려 오이기미의 불신

3장 주요 등장인물 및 줄거리 _ 89

을 초래하게 된다.

　나카노기미와 결혼한 니오우노미야는 우지를 자주 방문하지 못하게 된다. 사정을 알지 못한 두 여인은 박정한 니오우노미야의 태도에 실망하고, 여동생의 슬픔을 본 오이기미는 심신이 약해져 병상에 눕더니 결국은 가오루의 정성스런 간호도 헛되이 죽고 만다. 12월 니오우노미야는 우지를 방문, 나카노기미를 교토로 맞이한다. 죽은 오이기미를 잊지 못한 가오루는, 니오우노미야의 아내가 되어 교토의 니조저택으로 이사 간 동생 나카노기미를 자주 방문하여 고인을 추모한다. 하지만 마음속으로는 나카노기미를 니오우노미야에게 양보한 것을 후회하고 있었다. 나카노기미도 가오루의 심정을 안타깝게 여기고 위로하던 중, 마침 죽은 언니와 닮은 이복 여동생 우키후네[浮舟]의 이야기가 화제가 된다. 그리고 그녀가 히다치[常陸]에서 상경하여 교토에 머물고 있다고 가오루에게 알려 준다.

　우지에서 우키후네를 본 가오루는 오이기미와 똑같은 모습에 놀라면서도 한편으로는 마음이 끌린다. 그런데 호색가인 니오우노미야도 우키후네에게 접근하고, 시골에서 자란 순수한 우키후네는 두 귀공자의 사랑에 휩싸여 고민에 빠지게 된다. 성실한 가오루를 만나면 그의 사랑을 확신하게 되지만 관능적인 니오우노미야와의 만남도 포기할 수 없었다. 두 귀공자는 연적이 누구인지 알게 되었고 우키후네를 차지하기 위한 계책을 세운다. 진퇴양난에 빠진 우키후네는 어느 날 밤 몰래 죽기로 작정하고 우지 해변으로 나간다. 다음 날 아침 우키후네의 실종을 알게 된 우지산장에서는 큰 소동이 일어났고 물속에 빠져 죽은 것은 아닌지 걱정한다. 그러나 우키히네는 살아 있었다. 기절하여 해변 가에 쓰러져 있는 것을 승려 일행이 발견하여 비구니에게 맡겼고, 이후 그녀는 불교에 귀의하였다. 우키후네는 스스로 머리를 깎고 불도에 정진, 불경을 적는 일로 나날을 보낸다.

우키후네가 살아 있음을 알게 된 가오루는 우키후네를 찾아 나서고, 그녀의 남동생을 통해 편지를 보내지만 우키후네는 편지를 받지도 않은 채 남동생조차 만나려고 하지 않는다. 가오루와 가족에 대한 그리움을 억누르고 오로지 독경과 불경 적는 일에 매진하면서 속세에 대한 미련을 끊으려고 고민하는 우키후네의 모습은 불도에 의해서도 구원받을 수 없는 인간의 나약함을 표출한 것일지도 모른다. 2부 마지막인 「마보로시」권에서 겐지도 마지막에 출가를 원하지만 출가왕생했다는 이야기는 적혀 있지 않다. 『겐지모노가타리』의 작자는 현세의 혼탁함 속에 고민하는 나약한 인간의 모습을 그리고자 한 것은 아닌지.

3부의 주인공 가오루는 종래의 소설에서는 결코 볼 수 없었던 새로운 인물이라고 할 수 있다. 처음부터 현세에 등을 돌리고 영달과 사랑도 원하지 않고 구도에 정진하려고 하는 인물로 묘사되어 있다. 이전 소설의 주인공은 사랑을 하고 영화를 누리는 존재로 설정되어 있지만 가오루는 그런 주인공과는 거리가 먼 존재이다. 3부는 1, 2부의 겐지 세계와는 다른 구도를 지향하고 있다. 오이기미 또한 종래의 소설에서는 나타나지 않은 새로운 인물로 설정되어 있으며, 가오루가 처음으로 사랑한 여인은 인간세상의 사랑을 거부하고 경건한 신앙으로 사는 오이기미였다. 그녀는 가오루를 신뢰하면서도 니오우노미야가 보여 주는 불성실한 결혼생활에 대한 반감으로 그의 사랑을 거부하고 절망 가운데 죽음을 맞이한다.

오이기미의 설정은 1부와 2부에서 보여준 인간 탐구를 통해 여성의 운명을 심각하게 받아들인 작자이기에 가능한 일이라고 할 수 있을 것이다. 가오루는 오이기미에 대한 추억을 회상하면서 나카노기미에게 접근하지만 그녀는 이미 니오우노미야의 아내였다. 여기에서 오이기미를 그대로 옮겨 놓은 듯한 우키후네가 등장한다. 우키후네는 『겐지모노가타리』의 마지막 여성이다. 오이기미란 인물을 대신하는 대타로 출발하였지만 세상의 인연을 끊고 대용물로서의 자신을 부정하며 신앙으로 살려고 노력한 인물이다. 우키후네의 삶은 고뇌에 가득 차 있으면서도 애정을 긍정했던 무라사키노우에나 애정 부정에 철저했던 오이기미의 삶과도 다르다. 새로운 여성상을 예고하는 인물이지만 그러나 『겐지모노가타리』는 여기서 중단된다. 우키후네가 과연 불교에 귀의하여 번뇌의 괴로움으로부터 벗어날 수 있었는지 작자는 해결을 보여 주지 않은 채 펜을 놓았다.

   『겐지모노가타리』는 줄거리 상 반복이 많지만 인간 조형은 언제나 새롭다. 겐지로부터 가오루에게, 그리고 무라사키노우에로부터 오이기미, 오이기미에서 우키후네로. 이와 같이 『겐지모노가타리』의 위대함은 끊임없이 참신한 인간들을 조형하고 있다는 점이다. 하나의 남성상이 새로운 남성을 낳고 한 여성상이 새로운 여성을 조형하는 끊임없는 인간 탐구가 담겨 있다.

4장

주요 테마

새로운 심리묘사와 인간상

『겐지모노가타리』를 54권이 일관된 형태로 이루어진 장편소설로 보는 것이 타당하지만 특히 제1부에 해당하는 권중에서 한 권 또는 두세 권이 앞의 내용과도 연결되지 않는 독립된 단편적 내용으로 이루어져 있다. 1부·2부·3부의 글쓰기와 구성도 차이가 있다. 또한 54권이 지금의 순서에 따라 쓰여졌다고는 생각할 수 없다. 따라서 이 이야기를 단순히 장편소설의 하나로 생각하고 읽는다면 혼돈이 올 것이다. 표현수법도 일관성이 없다.

그러나 이 작품의 매력은 고대소설의 틀을 유지하고 있지만 이전에 볼 수 없었던 인간심리의 묘사와 새로운 인간상을 창조한 데 있다고 하겠다. 게다가 많은 고전으로부터의 인용과 작자의 역사의식, 허구를 통해 진실을 말하고자 한 창작의식 등이 독자나 여러 연구자들로부터 사랑을 받게 한 요인이다. 이러한 요인들은 이 작품의 주요한 테마로서 등장인물의 입을 통해 작자의 의도를 나타내고 있다. 대표적인 것이 바로 25권에 나오는 문학에 대한 논의나 여성에 대한 평가, 당시의 삶을 지배했던 원령사상, 주인공 히카루 겐지에 대한 예언 등이다.

예언

주인공 히카루 겐지에 대한 예언은 3번 나오며, 이 예언들은 이야기를 전개시켜 나가기 위한 필수 요인이 된다. 1부와 2부 주인공의 사랑이야기, 정치적 대립, 인과응보 등의 구성이 이 예언을 실현시켜 나가기 위한 설정이었다.

첫 번째 예언은 제1권 「기리쓰보[桐壺]」에 나온다. 겐지가 7살 되던 해, 천왕은 외국사절단 가운데 관상을 잘 본다는 사람이 있다는 이야기를 듣는다. 외국인을 궁중으로 불러들이는 일은 금지되어 있기 때문에 몰래 겐지를 내보내 관상을 보게 한다. 후견인의 자격으로 겐지를 돌보고 있던 사무차관이 겐지를 자신의 자식이라고 속여 상을 보게 하니 관상인은 놀라 몇 번이고 고개를 갸웃거리며, "국가의 원수가 되고 제왕의 지위에 오를 관상이지만 그렇게 점을 치니 나라가 어지러워지고 백성이 고생하는 사태가 일어날 것 같습니다. 그러나 국가의 중신이 되어 나라를 보좌할 신하의 입장으로 점을 치니 아무래도 그런 지위로 끝나지 않을 것 같습니다"라는 상괘를 이야기한다. 천왕도 이 예언이 타당하다고 생각하여 황족의 신분에서 신하의 위치로 강등시키고 겐지라는 성을 하사한다.

「와카무라사키[若紫]」권에서는 후지쓰보[藤壺] 사이에서 때어난 자식이 천황으로 즉위하고 그때까지 어려움을 겪는다는 두 번째 예언이 나오고, 「미오쓰쿠시[澪標]」권에서 세 명의 자녀가 천왕과 왕비 그리고 신하가 된다는 예언이 세 번째이다. 이런 예언은 겐지가 천왕에 준하는 지위에 올라 최고의 영화를 누리게 된다는 미래를 암시한 것이며, 이 예언의 실현을 위해 이야기가 전개된다.

여성품평론

2권에서 여성에 대한 체험담과 그로 인한 여성에 대한 논의는 겐지가 중류계급의 여성에게 관심을 갖게 되는 계기가 되고, 이로 인해 신분의 차이에도 불구하고 우쓰세미[空蟬]와 유가오[夕顏]와 연애를 하게 된다. 겐지와 같은 신분의 귀족에게는 결코 용이하지 않는 중류계급 여성과의 사귐을 쓰기 위해 마련된 단락이라고 생각한다. 『겐지모노가타리』의 작자도 중류계급의 여성이므로 이와 같은 설정을 통해 귀족사회의 남녀관계, 배우자에 대한 애정 등에 새로운 문제를 제시하고 있는 것이다.

겐지가 17살 때 비 오는 날 저녁, 친구들의 방문을 받고 장래를 같이할 만한 여성에 대한 품평과 경험담으로 이야기꽃을 피운다. 상·중·하 계급의 판정법이라든지 중류계층 여성의 중시론, 현모양처론, 질투가 심한 여자, 바람기 있는 여자 등의 이야기로 꽃을 피우고, 마지막으로 배려하며 참견하지 않는 여자가 아내로서 최적이라는 결론으로 끝을 맺고 있다.

애인관계라면 부족함이 없는 여자라도 정식 아내로서 정숙한 여자를 고르는 단계가 되면 교제하고 있는 여자가 많이 있어도 결정하기 어렵다. 예를 들면 남성 관료들 중에서 국정의 주요 자리에 임명할 때, 정말로 적합한 능력의 소유자를 발견하는 것은 어렵다. 아무리 유능하더라도 한두 사람의 힘으로 정치를 할 수 없기 때문에 윗사람은 부하의 도움을 받고 부하도 상사의 명령에 복종해야만 광범위한 나라 일을 원활히 처리할 수 있게 되는 것이다. 이것에 비하면 범위가 좁은 가정에서는 주부 한 사람을 고르는 데 지나지 않지만, 없어서는 안 될 중요한 조건이 많다. 그런데 이 점이 좋으면 다른 한편이 부족하고 안정감도 없어 대충 이 정도라면 괜찮겠다고 생각되는 여자도 드물다.

풍부한 여성 경험을 바탕으로 여성품평회를 하는 장면이다. 출신과 용모를 중시하는 당시의 통속적 여성관을 부정하고 오로지 성실하고 온화한 여성을 최적의 반려자로 생각하는 인격 본위의 결혼관이 나타나 있다.

원령

통상 역병이 돌거나 천재지변이 일어난다든지 사람들이 이유도 없이 죽어간다든지 할 때, 그 원인을 원한을 품고 죽은 영혼이 복수하기 위해 일으킨 사건으로 판단하는 경우가 있다. 일본에서는 9세기 이후의 서적에 원령에 해당하는 문자가 발견되고 있고, 이런 영들을 위로하기 위한 의식에 대한 기록이 나온다. 이러한 원령에 대한 신앙은 문자로 기록되기 이전부터 있었다. 죽은 사람의 영혼이나 조상들의 영혼과 연결되어 신년이나 축제때 제사를 드리거나, 역병이 돌거나 재앙이 있을 때 그 원인을 원령에게서 찾았고, 신으로 받드는 풍습과 전설이 민간사회에도 널리 퍼져 있었다.『겐지모노가타리』에서도 이런 신앙이 나타나고 있다.

9권『아오이[葵]』에서는 원령의 이야기가 등장한다. 음력 4월 중에 열리는 가모축제[賀茂祭]는 말을 달리는 행사와 가모신사 여인들의 제례행렬 등 화려한 축제가 열린다. 이 축제를 구경하기 위해 임신 중이던 아오이노우에[葵上]도 시녀들을 데리고 구경 나온다. 이때 겐지보다 7살 연상의 애인인 로쿠조노 미야스도코로[六条御息所]도 겐지의 모습을 보려고 몰래 나와 있었다. 구경 나온 많은 사람으로 인해 매우 혼잡한 가운데 아오이노우에가 다른 우차들을 물리치고 장소를 차지한다. 이런 가운데 하인들이 모욕적인 말로 미야스도코로의 우차를 무시하며 우차의 일부를 부숴뜨린다. 뒤로 밀려나 구경을 할 수 없게 된 미야스도코로는 화를 내며 자신이 왜 이런 대접을 받아야 하는지 억울해 한다. 이 사건으로 미야스도코로는 자존심에 큰 상처를 입어 평상심을 잃어버리고 영혼이 몸에서 유리되어 살아 있으면서 원령이 된다. 그녀의 원령은 아오이노우에에게 달라붙어 저주를 하게 된다.

원령의 이야기는 5권 「유가오[夕顔]」에도 나온다. 겐지가 유모의 병문안을 갔을 때 우연히 이웃집 여자(유가오)와 시를 주고받는다. 이것을 계기로 겐지는 신분을 숨긴 채 유가오 집에 드나들었고, 8월 15일 밤 유가오 집에 머물렀던 겐지는 다음 날 새벽 유가오와 그녀의 시녀를 데리고 근처 폐가로 외출한다. 그날 새벽녘에 겐지는 아름다운 여인의 원령이 나타나 '내가 이렇게 훌륭한 분을 사모하고 있다고 말씀드렸는데 찾아오시지는 않고 보잘것없는 여자를 귀여워하시니 너무하십니다. 원망스럽습니다'라는 말을 하며 유가오를 일으키려는 꿈을 꾼다. 이상한 느낌이 들어 눈을 떠보니 불은 꺼져 있었다. 결국 바람이 심하게 부는 밤중에 유가오는 맥없이 죽고 만다.

36권「가시와키[柏木]」에도 원령이 등장한다. 겐지의 아내 온나산노미야[女三宮]는 불륜의 상대인 가시와키와의 사이에서 사내아이를 낳는다. 온나산노미야가 병에 걸려 누워 있을 때 미야스도코로의 원령이 나타나 병에 걸리게 한 것이 자기의 저주에 의한 것이라고 이야기하며 웃는 장면이 있다.

일본 역사 속에서 생령(生靈: 살아 있는 인간의 영혼)이나 죽은 사람의 영혼이 활발히 활동하던 시기는 『겐지모노가타리』가 탄생한 헤이안시대였다. 당시의 일기나 설화집, 문학작품 등에 수많은 생령과 원령 등의 활약이 기록되어 있다. 사람들은 이런 것들이 인간에게 병이나 죽음을 가져다준다고 믿었으며, 정체를 알 수 없는 이런 영혼을 모노노케라고 불렀다.

『에가모노가타리』에서는 원인불명의 병을 고치기 위해 고승을 불러 기도를 한다든지 재앙을 일으키는 악령 등을 퇴치하기 위해 음양사의 손을 빌려야 한다는 이야기가 나온다. 무라사키 시키부의 일기, 『마쿠라노소시』 등에도 모노노케를 진정시키기 위한 의례나 법회 기사가 나온다.

교육관

21권 「오토메[乙女]」에서 겐지는 장남 유기리[夕霧]가 12세에 성년식을 치르자, 자신의 엄격한 교육방침에 따라 특전을 버리고 유기리를 낮은 신분으로 대학에 입학시킨다. 가문 좋은 집안에서 태어나 관직이나 지위가 원하는 대로 높아져, 멋대로 행동하고 남을 업신여기는 버릇이 붙으면 고생하면서 학문을 익히려는 마음이 사라진다. 놀기를 좋아하고 자신이 원하는 대로 관직과 지위를 얻게 되면, 세상시류를 따라 사는 사람들은 속으로는 비웃으면서 겉으로는 아첨하고 비위를 맞추며 따라다닌다. 그러면 마치 자기 자신이 권세가 있는 줄로 착각하여 허세를 부리지만 세상이 변하고 운세가 다하여 세력을 잃어버리면 사람들에게 무시당하고 아무도 상대해주지 않는다. 그러므로 학문을 기초로 하여 실제적인 활용능력을 갖추어야 한다. 입학 당시는 지위가 낮아서 불만이겠지만, 국가를 지탱하는 중신이 갖추어야 할 마음가짐을 습득한다면 죽어서도 안심할 수 있기 때문에 낮은 지위로 입학시킨 것이다.

경제력이 있거나 좋은 집안 출신이라는 것은 한낱 물거품에 지나지 않는다. 자기 자신이 인격과 실력이 없으면 사회의 리더가 될 수 없고 국가에 봉사할 수 없다고 생각하여 겸손히 학문에 정진하라고 가르치고 있는 것이다.

문학론

작가가 살았던 시대에는 모노가타리가 와카나 한시에 비교도 안 될 정도로 낮은 평가를 받았고, 단지 어린아이나 부녀자의 즐기는 저급한 오락용에 지나지 않았다. 역사서나 경서(經書)가 정치나 학문의 중요한 척도였고 교양이었다. 작자는 이런 시대적 상황 속에서 모노가타리 작가로서 모노가타리 즉, 문학론에 대한 새로운 인식이 싹트기를 간절히 바라고 있었을 것이다. 모노가타리가 거짓이라는 비난과 멸시를 벗어날 논리가 필요했고, 오랜 시간 고민하며 허구의 세계를 통해 현실을 사는 사람들의 거짓을 말할 수 있다고 믿는 자신의 생각을 증명하고자 히카루 겐지의 입을 빌린 것이다.

문학론은 아마도 1부에 해당하는 여러 권 중에서도 늦은 시기에 쓰인 것이라고 추측하고 있다. 그래서 1부에 해당하는 여러 권에서 역사적 사건을 삽입하여 현실감과 사실성을 강조하면서 이야기를 엮어 나가고 있지만, 2부에서는 이런 수법을 사용하지 않고 문장표현으로만 인간의 모습을 그려내고 있다. 작자 스스로 이 문학론을 실천하고 있는 것이며 문학은 문학일 뿐 역사의 척도로 평가해서는 안 된다는 것을 말하고 있는 것이다.

25권 「호타루[螢]」에서는 모노가타리에 대한 이야기가 등장한다. 지루한 장마 기간 중에 여자들이 그림두루마리를 읽거나 옮겨 적으며 무료한 시간을 보내고 있었다. 특히 시골 출신의 다마카즈라는 모노가타리에 흥미를 가지고 있었고 이야기 속의 인물과 자신을 비교하기도 한다. 이것을 옆에서 본 겐지가 다마카즈라를 상대로 모노가타리의 본질에 대해 설명하고 있는 장면이다.

겐지는 모노가타리라고 하는 것은 신의 세계에서부터 인간세상에까지 일어난 사건을 적어 놓은 것이라고 말한다. 『일본서기(日本書紀)』와 같은 역사서는 극히 일부분만을 적어 놓은 것에 지나지 않으며, 모노가타리에 진실을 추구하는 삶이 자세하게 적혀 있다고 생각한다며 다음과 같이 말한다.

> 모노가타리는 실제로 존재하는 사람들의 사건을 사실 그대로 묘사하는 것은 아니지만, 좋은 일이든 나쁜 일이든 이 세상을 살아가는 인간의 모습을 보는 것만으로는 부족하고, 듣고 그대로 흘려 버릴 수 없는 이야기이다. 후세에 전하고 싶은 사건들을 마음속에 담아둘 수 없어서 이야기하기 시작한 것이다. 모노가타리 속의 인물을 호의적으로 표현할 때는 좋은 것만을 선택하고 독자의 요구에 따라서는 있지도 않는 황당하고 신기한 것을 골라 엮어낸 것이다. 선과 악에 관련된 모든 것이 인간세계의 것이다.

문학은 역사서와 달리 사실의 기록이 아니며 인생의 진실을 추구하기 위해 인간세계의 선과 악을 모두 취급한 것이라고 생각하였다. 이는 근대 문학론과 비교하여도 손색이 없는 정연한 논리이다.

결혼관

32권 「우메가에[梅枝]」에서 겐지는 태자비가 될 자신의 딸에게 입궁 준비를 시킨다. 반면 내대신은 겐지의 아들 유기리[夕霧]와 자신의 딸 구모이노가리[雲居雁]와의 사이가 서먹서먹해진 것을 걱정하고 있었다. 겐지도 유기리가 걱정이 되어 충고하는 과정에서 결혼에 대해 언급하고 있다.

> 결혼에 대해서는 나도 아버지의 교훈을 따르려고 하지 않았기 때문에 말을 꺼내기 어렵지만 지금에 와서 생각해 보니 그 교훈이야말로 후세에까지 통용될 진리였다. 혼자서 생활을 하고 있기 때문에 사람들이 어떤 생각이 있는 거냐고 마음대로 추측하지만, 뜻하지 않은 인연으로 붙잡혔는 어기이 고재히는 깃은 용두사미 꼴로 창피하다. 아무리 높은 이상을 가지고 있어도 마음대로 되지 않으며 무슨 일이든지 순서가 있는 법이니 여자에게 함부로 접근하지 않는 것이 좋다.
>
> 나는 어렸을 때부터 궁중에서 자라 자유도 없이 쓸쓸하게 지냈

으며 조금이라도 실수를 하면 경박하다는 비난을 받지 않을까 생각하여 조심스럽게 행동하였지만, 바람둥이라고 책망을 받아 면목이 서지 않았다. 너는 아직 지위도 낮고 이렇다 할 신분도 아니라고 마음대로 행동하는 것은 좋지 않다. 자신도 모르는 사이에 우쭐하여 좋아해서는 안 될 여자와 관계를 갖게 되고, 자제할 수 있도록 도와줄 여자가 없는 경우에는 여자와의 한번의 사건으로 현명한 사람이 무너지는 예가 옛날에도 있었다. 상대방 여자에 대한 나쁜 평판이 돌고, 자신도 여자로부터 원한을 사는 일은 평생 상처가 된다. 자신의 잘못된 선택으로 함께 살게 된 상대방이 마음에 들지 않고 참을 수 없는 점이 있다고 하여도 결혼했을 때의 초기의 마음으로 되돌아가려고 노력해야 한다. 때로는 부모님이 계시지 않아 생활이 여의치 못한 상대라도 기특한 마음가짐과 따뜻한 인품이 있다면 그것을 장점으로 삼아 부부생활을 개선하려고 노력해라. 자신과 상대방을 위해서도 두 사람이 함께 가장 좋은 방법을 찾아내려고 노력하는 자세가 중요하다.

현재에도 통용되는 결혼관이라고 할 수 있다. 이혼을 간단하게 인정하지 않고 불만이 있어도 가능한 한 초심으로 돌아가 서로 노력하면 결국은 좋아질 것이라는 낙관적인 자세와 상대방을 이해하려는 마음가짐을 강조하고 있다.

당시의 결혼은 일부다처제였다. 남자의 신분과 어울리는 신분의 상대방을 본처로 삼고, 여러 명의 여자를 첩으로 삼는 것이 일반적이었다. 결혼은 가요이콘[通い婚]으로 결혼해서 같은 집에 사는 것이 아니라 신랑이 신부의 집으로 밤마다 찾아갔다가 아침 일찍 자신의 집으로 돌아오는 형태였다. 그래서 신부감을 고를 때 집안의 신분과 세력이 중요한 잣대가 되었으며, 이를 출세의 발판으로 삼기도 하였다. 물론 사윗감을 고를 때도 장래가 유망한 남자를 받아들여 자기 집안의 번성을 꾀하려는 정략결혼이 많았다. 따라서 부모님이 생존해 있지 않거나 후견인이 없는 경우에는 『겐지모노가타리』 제1권에서 나오듯이 푸대접과 멸시를 받는 경우가 허다하였다. 그러나 겐지는 자신의 결혼관에서 이런 외적인 요소보다 상대방의 마음가짐과 이해를 최우선으로 하고 있으며 이를 자신의 아들에게 교훈으로 삼게 하고 있다.

2천 엔 지폐

앞에서도 언급하였지만 일본 돈 2천 엔짜리 지폐에 『겐지모노가타리』의 스즈무시[鈴虫]의 그림과 글이 삽입되어 있다. 글은 모두 9행으로 그것도 윗부분만 실려 있어 의미가 통하지 않는다. 인용된 부분을 모두 소개하면 다음과 같다.

「十五夜農遊ふ」くれ二佛の於万へ

「二宮於盤して八」しちかくな可め

「堂万ひつ?念珠」し堂万婦わ可支

「あ万支三多ち二」三人盤那多て万

「徒るとてなら須」あ可つ支の於と´三徒

「のけ者ひなとき」こゆ佐万可八利多る

「いと那三にい所支」あへ類いとあ者れな

「流二連いのわ」多利多万飛天無しの年

「いとしけく」み堂流ゝゆふべ可那と

이 부분은 8월 15일 밤에 온나산노미야를 방문하였을 때 겐지의 남동생과 유기리가 방울벌레 울음소리를 들으며 연회를 개최한 장면의 일부분이다. 그 자리에서 겐지는 가시와키를 추모하며 눈물을 흘렸다. 그때 레제인이 달을 소재로 한 시를 지어 달라는 부탁을 하였기 때문에 겐지는 모두를 데리고 입궐하여 밤을 새며 시를 지은 부분에 나오는 문장이다.

그 부분을 해석하면 다음과 같다.

8월 15일 저녁에 온나산노미야는 불당에 들어가 입구 쪽 구석에 앉아 멍청한 모습으로 염불을 외우고 있었다. 그 곳에는 온나산노미야를 따라 출가한 젊은 시녀 두세 명이 꽃을 봉양하려고 준비하고 있었고 동(銅)으로 만든 꽃병을 만지는

4장 주요 테마 _ 109

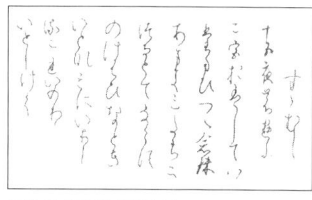
이천 엔 지폐에 삽입된 글.

소리와 물을 붓는 소리가 희미하게 들려왔다. 이전의 화려한 궁전생활과는 달리 불도수행에 열심을 다하는 모습에 가슴이 메어지는 것 같았다. 때마침 그곳에 평소처럼 겐지가 방문해서,

"벌레 우는 소리가 시끄러운 저녁이군요."

라며 자신도 온나산노미야와 함께 작은 소리로 '나무 아미타불'이라고 염불을 외웠다. 갖가지 벌레소리가 뒤섞인 가운데 방울벌레 소리가 크고 화려하게 들려 운치가 있었다. 겐지는,

"가을벌레 소리는 우열을 가리기가 어렵지만 청귀뚜라미 소리를 특별히 좋아했던 중궁이 멀리 들판에 사람을 보내 일부러 소리가 아름다운 벌레를 찾아 궁궐 정원에 풀어 놓았지만 들판에 있었을 때처럼 소리를 들을 수 있는 날도 드물었다고 합니다. 장수를 의미하는 소나무의 송(松)자를 붙여 벌레 이름을 지은 것과는 달리 장수하는 것 같지도 않군요. 듣는 사람도 없는 깊은 산중과 멀리 들판의 소나무 숲에서는 마음껏 소리를 내어 운

다고 하니 정말로 낯가림을 하는 벌레입니다. 그것에 비하면 편안히 활발하게 우는 방울벌레가 사랑스럽습니다."

라고 말하자 온나산노미야는,

"가을을 괴로운 계절로 알고 있습니다만
방울벌레 소리를 들으니 떨쳐 버릴 수 없는 가을입니다."

라고 낮게 시를 읊는데, 그 소리는 정말로 우아하고 기품 가득하였다. 그러자 겐지는

"뭐라고 말씀하셨습니까? 아니 예상 외의 대답입니다.
당신은 스스로 이 세상을 등졌지만
방울벌레 울음소리처럼 변함없이 젊고 아름답습니다."

라고 온나산노미야를 추켜세우면서 거문고를 연주하였다.

고전의 날

일본에서는 11월 1일을 '고전의 날'이라고 부른다. 무라사키 시키부[紫式部]가 자신의 일기 중 1008년 11월 1일에 '듣자니 이 근처에 와카무라사키[若紫]가 오신 것은 아닌지'

라고 후지와라 긴토[藤原公任]가 말을 걸었다는 내용이 있다. 와카무라사키는 바로 『겐지모노가타리』에 나오는 등장인물이다. 이를 통해 『겐지모노가타리』의 존재를 기록상으로 알 수 있는 단서가 되었다. 이것을 근거로 1000년이 되는 2008년도에 겐지모노가타리 천년기 위원회(源氏物語千年紀委員会)에서 '고전의 날' 제정을 추진하게 되었고 2013년에 정식으로 11월 1일을 '고전의 날'로 제정하였다. 최고(最古)의 장편소설을 통해 일본의 고전을 세계에 알리고 후대에 전하며 또한 고전작품을 보다 많은 사람이 즐기도록 하기 위한 목적이다.

5장
의의와 영향

천 년을 울린 사랑과 운명

 『겐지모노가타리』가 후세에 끼친 영향은 일일이 헤아리기 어렵다. 『겐지모노가타리』 이후의 창작소설로 『하마마쓰추나곤모노가타리[浜松中納言物語]』『사고로모모노가타리[狭衣物語]』『요루노네자메[夜の寝覺]』, 역사소설인 『에가모노가타리[榮華物語]』 등이 있지만 표현이나 각 권의 이름, 전체적인 구성이 『겐지모노가타리』를 모방한 것에 지나지 않는다. 근세의 이와라사이가쿠[井原西鶴]의 작품인 『고쇼쿠이치다이오토코[好色一代男]』는 호색남의 애정생활과 당시 유곽의 사정 및 명기(名妓)의 실태를 그린 소설인데, 주인공의 여성 편력이 히카루 겐지의 청춘시대를 연상하게 하는 등 여러 곳에서 『겐지모노가타리』의 영향이 엿보인다. 근세에는 부녀자

를 대상으로 그림이 들어간 책과 개설서가 많이 출판되었는데, 대표적인 것으로 『니세무라사키 이나카겐지[にせ紫田舎源氏]』가 있다. 이는 당시의 무사 집안의 소동을 제재로 『겐지모노가타리』를 번안한 것으로, 구성과 등장인물 등이 『겐지모노가타리』를 연상케 한다.

『겐지모노가타리』는 근대의 여러 작가들의 창작에도 깊은 영향을 주었다. 스토리, 인관관계, 표현 등에서 힌트를 얻은 것이 근대작가의 작품 속에 숨어 있음을 부인할 수 없다. 예를 들면 모리오가이[森鷗外] 작품인 『기러기[雁]』에서 오카다[岡田]가 오타마[お玉]와 만나는 장면은 「유가오[夕顔]」를 바탕으로 하고 있다. 그 외에도 다니자키준이치로[谷崎潤一郎]의 『가루눈[細雪]』, 가와바타야스나리[川端康成]의 『천개의 학[千羽鶴]』, 히구치이치요[樋口一葉]와 시마자키도손[島崎藤村] 등이 남긴 문학작품에 교묘히 『겐지모노가타리』의 자취가 숨어 있다.

산문문학뿐만 아니라 운문문학에서도 시인들이 꼭 읽어야 할 필독서로 간주하였다. 그 대표적인 예가 중세의 후지와라순제[藤原俊成]라는 시인의 시를 평가하면서 『겐지모노가타리』 속의 한 권인 「하나노엔[花宴]」의 정취와 요염함이 있는 부분이라며 『겐지모노가타리』를 읽지 않고 시를 짓는 것은 유감이라고 말한 바 있다. 이렇듯 당시의 시인들은 『겐지모노가타리』를 시 작법과 시적 감성에 없어서는 안 될 필독서로서 인식하였던 것이다. 1271년에 편집된 『후요와카슈[風葉和歌集]』는 약 200종의 모노가타리로부터 시[歌] 2천 수를 뽑아 편집한 가집[歌集]인데, 그 중에서도 『겐지모노가타리』에 수록된 시가 가장 많아서 180수나 수록하였다.

이렇듯 『겐지모노가타리』는 창작된 당시부터 산문이나 운문 등 장르에 상관없이 여러 작품에 직간접으로 영향을 끼치고 있었다.

한편 『겐지모노가타리』 연구의 역사는 헤이안시대 말기로 올라간다. 현존하는 최고 주석서는 세존지고레유키[世尊寺伊行]에 의해 만들어진 『겐지모노가타리석[源氏物語釋]』이라는 책으로 본문 옆에 주석을 달았다. 그리고 중세의 시인 후지와라 데이카[藤原定家]가 각 권 끝에 인용 노래나 출전을 적어 정리한 『오쿠이리[奧入]』가 있다.

1379년에 성립되었다고 보는 『가카이쇼[河海抄]』는 20권으로 되어 있고, 고증과 상세한 단어 해설과 노래 해석에 중점을 둔 획기적인 주석서라고 할 수 있다. 1598년에 50권으로 된 『민고닛소[岷江入楚]』는 『가카이쇼』 이후의 주요한 주석을 집대성하고 거기에 자기의 의견을 덧붙인 무로마치[室町]시대 최대의 주석서이다.

에도시대에 주목할 만한 주석서는 기타무라키긴[北村季吟]

의 『고게쓰쇼[湖月抄]』이다. 이 책은 60권으로 되어 있으며 1675년에 간행되었다. 전 본문이 수록되어 있고 지금까지의 주석을 취사선택하여 실었으며, 스승의 설(說)과 자신의 설도 첨가한 것으로 『겐지모노가타리』의 교과서로서 널리 유포되었다. 그 외에도 『겐주슈이[源注拾遺]』『겐지모노가타리신석[源氏物語新釋]』등 각각 특색 있는 주석서들이 있었다. 특히 모토오리노리나가[本居宣長]는 자신의 저서 『다마노오구시' [玉の小櫛]』에서 『겐지모노가타리』의 본질은 '모노노아와레[もののあはれ]' 라고 해석하고 새로운 문학이념을 주장하였다 '모노' 라는 객관적 대상과 '아와레' 즉 주관적인 감정이 서로 융합되어 하나가 되는 감동의 세계를 모노노아와레라고 표현하였다. 아와레라고도 하며 오카시[をかし]와는 반대개념으로 사용하고 있다.

『겐지모노가타리』를 그림으로 표현한 것으로는 국보로 지정된 『겐지모노가타리 에마키[源氏物語絵卷]』가 있다. 12세기 전반에 후지와라 다카요시[藤原隆能]에 의해 만들어졌다고 전해지고 있으며, 현재에는 도쿠가와[德川]미술관과 고시마[五島]미술관에 보관되어 있다. 이외에도 장기간에 걸쳐 많은 그림이 그려졌고, 병풍과 부채 등에도 그림이 삽입되었다. 에도시대에는 그림이 들어간 『겐지모노가타리』가 출판되어 일반 서민에게까지 보급되었고, 근대 이후에는 상상력을 발휘하여 회화화한 것도 많다.

　오늘날에도 수많은 연구서와 주석서 그리고 현대어로 번역된 책이 발간되고 있으며, 대개의 경우 현대어로 된『겐지모노가타리』를 읽은 경우가 많다. 특히 요사노 아키코[与謝野晶子)·다니자키 준이치로[谷崎潤一郎]의 현대어 역은 유명하다. 최근에는 엔지 후미코[円地文子], 세토우치 자쿠초[瀬戸内寂聴] 등 여성에 의한 번역이 호평을 얻고 있다.

　만화나 애니메이션 등으로 제작되는 경우도 많다. 특히 야마토와키[大和和紀]의『아사키유메미시』는 베스트셀러로 큰 인기를 얻고 있는데, 이는 대학 수험생들이 학습참고서로 읽고 있기 때문이라고 한다. 그 외에도 많은 만화가 출판되고 있다. 애니메이션으로는 아사히[朝日]신문사에서 제작한 것이 있는데, 주인공인 겐지가 귀걸이를 하고 있는 모습이 화제가 되기도 하였다. 비디오나 CD-ROM으로도 제작되고 있으며 이는 주로 고등학교나 대학에서 고전문학 교재나 연구자의 자료검색용으로 사용되고 있다.

　『겐지모노가타리』는 영화로도 제작되었고, 1966년에는 가부키 양식을 도입한 이색적인 작품으로도 만들어졌다. 최근에는(2002년)『천 년의 사랑 히카루겐지모노가타리』란 타이틀로 작자인 무라사키 시키부의 생활과 우아하고 화려한 허구세계를 묘사해 현대인의 감성에 맞춘 연애드라마로 제작되기도 하였다.

이어서 2011년에 개봉된 『겐지모노가타리 천년의 수수께끼』는 『겐지모노가타리』의 내용을 직접 다룬 것이 아니라 다카야마 유기코[高山由紀子]의 소설을 바탕으로 만들었다.

일본의 전통연극 중의 하나인 노[能]에서도 『겐지모노가타리』를 근거로 한 작품들이 있다. 유가오를 주인공으로 한 「유가오[夕顔]」 「하지토미[半蔀]」, 로쿠조노 미야스도코로를 주인공으로 한 「아오이노우에[葵の上]」 「노노미야[野宮]」, 방황하는 주인공을 테마로 한 「다마카즈라」 「우키후네」, 겐지를 주인공으로 한 「수마겐지」, 작자인 무라사키 시키부가 지옥에 떨어졌다는 전설을 바탕으로 한 「겐지구요」 등이 현재에도 무대에서 상연되고 있다.

「천년의 사랑」 포스터.

이렇듯 「겐지모노가타리」가 소설과 그림으로 또는 연극과 영화 등으로 현재에도 전해지고 제작되는 것은 문학성이 뛰어난 작품이기 때문이지만 그 내용이 현재에도 통용되는 사랑과 운명을 테마로 하고 있어 현대인도 충분히 공감할 수 있는 내용을 다루고 있기 때문일 것이다.

2부

본문

『겐지모노가타리』가 완성된 후 어떻게 유포되었는지는 확실하지 않다. 처음부터 책 전부가 유포된 것이 아니라 일부분인 몇 권만 베껴지고 유포되었다. 궁궐의 후궁들이 읽었고 1100년경에는 일반에까지 널리 읽혀졌다고 보고 있다. 현재까지 무라사키 시키부가 쓴 원본은 전해지지 않고 있다. 많은 필사본이 있지만 그 계통을 아오뵤시본[靑表紙本]과 가와치본[河內本] 그리고 어디에도 속하지 않는 별본[別本]으로 크게 나누고 있으며, 그 중에서도 아오뵤시본이 옛날 형태의 모습을 보존하고 있어 순수한 본문으로 평가하고 있다. 오늘날 우리들이 읽고 있는 텍스트는 원본과 가장 가까운 필사본을 근거로 여러 계통의 본문과 대조하여 최선의 본문을 활자화한 것이다. 분량이 방대해서 54권 전체를 번역할 수는 없어, 여기에서는 엔지 후미코[円地文子]씨가 쓴 『겐지모노가타리』(現代語譯日本の古典5, 學研)를 중심으로 여러 연구서나 개론서를 통해 명문장과 명장면으로 알려져 있는 부분을 발췌하여 번역하였고 작품의 줄거리를 이해하기 위해 개괄적인 줄거리도 삽입하였다.

1권 「기리쓰보[桐壺]」

　어느 천왕 때의 일이었던가. 궁중에 뇨고[女御]·고이[更衣] 등의 많은 후궁들이 있는 가운데 명문 출신이 아닌데도 천왕의 총애를 한 몸에 받고 있는 이가 있었다. 궁궐에 입궐하는 첫날부터 대단한 자부심을 가지고 있었던 그를 다른 후궁들은 눈엣가시처럼 멸시하거나 미워하였다. 동등한 지위에 있거나 또는 그보다 신분이 더 낮은 고이들은 하물며 편안한 마음일 리가 없었다.

　아침저녁으로 궁중의 일을 하여도 다른 후궁들의 질투와 시기만을 돋울 뿐이고, 그 때마다 서러움과 한이 쌓였다. 그 때문일까? 자주 병이 들고 왠지 모르게 마음도 초조하고 불안해 친정으로 내려가는 일이 잦아지는 것을, 천왕은 측은하게 생각하여 더욱 더 불쌍히 여기고 주위의 비난 따위는 전혀 신경 쓰지 않았다. 참으로 후세의 이야깃거리가 될 법한 눈에 띄는 자애였다. 귀족들도 도리에 어긋나는 일이라고 등을 돌릴 만큼 극진한 총애였다. 세간에서도 환영할 일이 아니라며 사람들의 걱정거리가 되었다. 결국에는 중국의 현종황제가 양귀비의 용모에 빠져 국가가 기울었다는 전례를 끌어들이게 되는 상황까지 이르러 고이는 어찌하면 좋을지 몰랐지만 더할 나위 없는 천왕의 애정을 의지 삼아 후궁들 사이에 섞여 나날을 보내었다.

아버지 다이나곤[大納言]은 죽었고 어머니는 예의 바르고 교양 있는 사람이었다. 부모님이 살아계시고 사람들의 두터운 신뢰와 좋은 평판을 얻고 있는 사람들에게도 그다지 뒤질 것 없이 어떤 궁궐 행사도 무난하게 처리해왔지만, 무엇보다도 믿음직한 후견인이 없고 유사시 의지가 될 만한 사람이 없어 늘 불안한 모습이었다.

천왕과 고이는 전생에서도 인연이 깊었는가. 세상에 둘도 없을 정도로 깨끗하고 구슬처럼 아름다운 태자까지 낳았다. 천왕은 하루라도 빨리 만나고 싶어서 급히 어전에 들게 하여 대면하니 비길 데 없이 멋진 태자의 용모였다. 첫 번째 태자는 우대신 집안의 뇨고 소생으로 든든한 후견인이 있었고 의

심할 여지없이 천왕의 뒤를 이을 태자로서 소중히 보살핌을 받고 있었지만 이번에 태어난 태자의 아름다움에는 비교가 되지 않았다. 천왕은 겉으로는 첫 번째 태자를 귀중히 여기는 것처럼 행동했지만 내심으로는 이번에 태어난 두 번째 태자야말로 가장 소중하게 생각하고 말할 수 없이 귀여워했다.

그러나 이 태자의 어머니인 고이는 원래부터 약한 체질이었고 게다가 고키덴[弘徽殿] 태후를 중심으로 한 후궁들의 온갖 박해를 견디지 못하고, 태자가 3살 되던 해 요절하고 말았다. 가장 사랑하던 여인을 잃은 천왕의 슬픔은 옆에서 보기에도 괴로울 정도였다. 매일 방에 들어앉아 있기만 할 뿐 정사를 돌보지 않아 궁 안 전체가 불안해하고 있었다. 천왕은 슬픔에 잠겨 있을 때에도 죽은 고이의 친정에 맡긴 태자의 일이 마음에 걸렸다.

찬 가을바람이 불어 갑자기 추워진 저녁 무렵, 천왕은 평소보다 여러 상념에 잠겨 묘부[命婦]라는 궁녀를 고이의 친정집에 보냈다. 달이 아름답게 빛날 때쯤, 궁녀를 보내고 자신도 멍하니 허공을 바라보고 있었다. 이러한 날에는 자주 여러 악기들의 합주를 즐겼지만, 그때에도 죽은 고이는 특히 아름다운 음색으로 거문고를 연주하였고, 또 무심히 읊는 시 한 구절도 다른 사람에게서 느낄 수 없는 깊은 정취가 있었다. 묘한 음색, 은은한 말투, 나긋나긋한 자태, 우아한 용모 등이…… 지금은 장님처럼 어둠 속에서 손으로 더듬어 만지려 해도 미치지 못할 부질없는 환상이 되었다.

궁녀가 고이의 집에 도착하여 문 안으로 들어서자, 애처로움이 집안에 가득 차있는 것을 느꼈다. 고이의 어머니는 과부였지만 궁중생활을 하는 딸을 위해 타인에게 손가락질을 받지 않도록 집안도 깨끗이 수리하고 보기에 흉하지 않도록 신경을 쓰며 생활하였는데, 소중한 딸이 죽은 후에는 마치 세상이 어둠뿐인 것처럼 침울해져 정원 손질은 엄두도 내지 못하였다. 잡초가 무성하게 자라 가을 찬바람에 한층 더 황량하게 보였고, 달빛만이 무성한 잡초를 아랑곳 않고 청명하게 정원의 한쪽을 비추고 있었다. 궁녀를 남쪽 방에 맞아들여 마주앉은 고이의 어머니는 한동안 말을 하지 않았다.

"이때까지 살아 있는 것도 괴로운데, 이렇게 칙사께서 잡초가 무성한 정원의 이슬을 헤치며 방문하시니 면목이 없습니다."

고이의 어머니가 참았던 울음을 터뜨렸다.

"몸도 마음도 부서질 것처럼 괴롭다고 내시가 천왕께 말씀드렸습니다만, 저처럼 보잘것없는 사람도 정말로 이 상황을 보니 견디기 힘듭니다."

그리고 나서 궁녀는 잠시 마음을 진정시키고 천왕의 말씀을 전했다.

"잠시 동안 꿈속을 헤매는 심정이었지만 차차 마음이 안정되자 꿈이 아니므로 깨어날 리도 없는 진실이라는 것을 알았지만 견딜 수 없는 슬픔을 어찌하면 좋을지……함께 이야기할 상대도 없는 처지이다. 적어도 당신이라도 만나고 싶으니 살짝 와주지 않겠는가. 어린 태자가 어떤 모습으로 지내고 있는지, 슬퍼하며 지내고 있는 건 아닌지, 한시 바삐 궁으로 오시오."

궁녀는 천왕의 편지를 올리며 말하였다.

"천왕께서는 가다듬어 가며 말씀하셨습니다. 한편으로는 그런 모습을 보고 다른 사람이 심약한 분이라고 여길까 봐 자제하시는 모습이 안타까워 말씀을 끝까지 듣지도 못하고 물러나왔습니다."

"눈물에 가려 눈도 보이지 않지만 성상의 고마운 말씀을 빛으로 삼아 읽겠습니다."

고이의 어머니는 이렇게 말하며 편지를 펼쳤다.

"시간이 흐르면 조금은 잊혀질까 하고 세월이 지나가기를 기다려도 참을 수 없는 슬픔은 어찌한 방법이 없습니다. 어린 태자는 어떻게 지내고 있을까 생각하면서, 함께 키울 수 없는 것이 걱정입니다. 죽은 고이가 남기고 간 어린 태자와 함께 궁궐로 와 주기를……"

이렇게 자상하게 적은 뒤에

> 궁중에 불어 닥친 바람소리에, 어린 태자는 어떻게 지내고 있을까 걱정되네.

라는 시가 적혀 있었지만, 끝까지 읽지 못하고 울음을 터뜨렸다.

"오래 사는 것이 정말로 괴로운 것이라는 것을 뼈저리게 느끼고 있으며, 아직 살아 있느냐고 남이 나이를 묻는 것도 부끄럽게 생각하고 있습니다. 하물며 이목이 많은 궁에 출입하는 것은 삼가지 않으면 안 되기 때문에, 황송하게도 궁궐로 빨리 들어오라는 말씀을 여러 번 들으면서도 저 자신은 도저히 궁궐 출입을 할 수 없을 것 같습니다. 태자는 어떻게 생활하는지, 빨리 궁으로 들어오기를 몹시 기다리고 계시는 모습, 그 심중을 분수껏 헤아리면서도 내심 헤어지는 것이 슬픈 제 마음을 천왕께 알려 주십시오. 자식을 먼저 보낸 불운한 몸이 언제까지 이렇게 태자와 생활하는 것도 좋지 않다고 생각하오며 황송할 뿐입니다."

태자는 이미 잠들어 있었다.

"태자를 본 그대로 자세하게 말씀드리려고 합니다만, 천왕께서도 기다리고 계실 것이고 밤도 깊었기 때문에……"

라고 말하며 궁녀는 서둘러 돌아갈 채비를 하였다.

"죽은 자식으로 인한 부모의 슬픈 심정을 조금이라도 밝히 말씀드리고자 하오니, 공적인 용무가 아니라 개인적으로 한번 편하게 와주세요. 이 몇 해 기쁘고 좋은 소식이 있을 때마다 와주셨는데, 이런 편지 심부름으로 뵙게 되다니, 아무리 생각해도 목숨이 긴 것이 한입니다. 죽은 딸은 태어났을 때부터 우리들의 희망이었습니다. 고인인 아버지가 임종 때까지 오로지 '딸이 궁중에서 일하는 숙원을 반드시 이루어 주시오. 내가 죽었다고 해서 뜻을 버려서는 안 되오'라고 유언을 되풀이하였기 때문에, 이렇다 할 후견인도 없이 궁중에 들어가는 것이 여간 어려운 일이 아니라는 것을 잘 알면서도 입궁시켰던 것입니다. 그러나 과분할 정도로 천왕의 총애를 입었으므로, 다른 후궁들로부터는 사람 대접도 받지 못하는 부끄러움을 참으며 힘든 궁중생활을 겨우 지속하였습니다만, 다른 후궁들의 질투가 점점 심해지고 걱정거리도 많아져, 마침내 자연스런 죽음이라고 말할 수 없는 불쌍한 죽음을 맞이하였습니다. 이렇게 되고 보니, 그렇게까지 천왕께서 깊이 총애해 주지 않으셨더라면 이렇게는 되지 않았을 거라고…… 황송한 애정을 오히려 원망하는 것도 오로지 시비를 분별할 줄 모르는 부모의 어리석음 때문이겠지요."

고이의 어머니가 말을 끝마치지도 못하고 흐느껴 울며 한탄하는 사이에 밤도 깊었다.

"천왕께서도 이렇게 말씀하십니다. '내 생각에도 다른 사람들 눈이 휘둥그레질 정도로 무턱대고 그 사람이 좋았던 것도 이제 와서 생각하니 오랫동안 지속되지 못할 짧은 인연이었기 때문이라. 지금까지 천왕지위에 있으면서 내 맘대로 행동하여 사람의 마음을 상하게 하는 일을 절대로 하지 않으려고 했는데, 단지 그 사람을 위해서는 생각지도 못한 사람들로부터 원한을 샀고, 그 결과 이렇게 혼자 남게 되어 마음을 가라앉히지도 못하고 더욱 보기 흉한 완고한 인간이 되고만 것도, 생각해 보면 그 사람과 전생에 어떤 인연이 있었는지 알고 싶을 정도' 라고 되풀이하여 말씀하시며 한탄하고 계십니다."

궁녀도 울면서 천왕의 모습을 말하니 좀처럼 이야기가 그치지 않는다.

"밤도 아주 깊어졌습니다. 오늘밤 안으로 대답을 드리도록 하지요."

라며 서둘러 궁으로 향했다.

달은 벌써 산 끝자락으로 기울기 시작할 무렵이다. 하늘이 맑게 갠 사이로 바람이 서늘하게 불고, 풀 속 벌레 울음소리도 눈물을 재촉하는 듯 실로 헤어지기 어려운 풀숲의 정취였다.

방울벌레가 끊임없이 울어 대듯

나도 긴 가을밤이 부족하듯 계속 울고 있습니다.

궁녀가 가마에 탄 채 머뭇거리고 있으니 노모가,

"풀이 우거진 황폐한 이 집에, 황송하게도 사신을 보내 주셔서 슬픔만 점점 깊어질 뿐입니다. 원망스런 마음을 전해 주십시오."

라고 궁녀에게 전하게 했다.

천왕은 고이가 남긴 태자를 유일한 위로로 삼아, 곁에 두고 귀여워하며 키웠다. 그 용모가 눈부신데다 학문과 음악, 미술이나 공예 기술도 뛰어나 드물게 보는 총명한 사람이 되었다. 이 아이를 동궁으로 세우고 싶다고 천왕은 생각한다. 그러나 강력하게 후원해 줄 외척이 없다. 차라리 신하로 강등시켜 정치를 하게 하기로 결심한다. 이렇게 하여 겐[源]이라는 성을 하사 받은 아이가 이 이야기의 주인공인 히카루 겐지[光源氏]이다.

천왕은 선왕의 넷째 딸이 죽은 고이와 닮았다는 이야기를 듣고 궁으로 맞아들였다. 바로 후지쓰보[藤壺]라고 불린 이다. 겐지는 기품 있고 아름다운 후지쓰보에게서 어머니의 모습을 보고 동경하게 된다. 그리고 머지않아 연애감정으로 발전하게 된다.

겐지는 12세 때 성인식을 치르고 아내로는 좌대신의 딸 아오이노우에[葵上]가 정해진다. 그러나 후지쓰보에게 마음이 기울어진 겐지는 아오이노우에와 다정하면서 격의 없는 사이가 되지는 못했다. 천왕은 고이의 옛 저택을 수리해 겐지가 살게 했고, 이곳을 니조[二條]저택이라고 하였다. 또 히카루겐지[光源氏]라는 것은 어린 태자의 용모를 본 고려의 관상인이 붙인 이름이라고 한다.

2권 「하와키기[帚木]」

 아름답게 성장한 히카루 겐지는 좌대신 가(左大臣家)의 장남 도노추조[頭中將]와 함께 궁 안에서 눈부신 존재였다. 겐지는 좌대신의 딸인 본처가 있는 곳에 머무르기보다는 궁중의 대신들이 숙식하는 도노이도코로[宿直所]에 있는 것을 좋아하고, 도노추조 또한 불편한 우대신 가(右大臣家)의 딸이 있는 곳보다는 궁중에서 겐지와 이야기 나누기를 즐거워했다. 공부를 하거나 놀 때에도 서로 선의의 경쟁은 했으며 외종은 친구 사이였다.

 장맛비가 내리던 때, 궁중 도노이도코로에서 음식과 행동을 삼가며 부정을 피하려 두문불출하고 있는 겐지를 방문하기 위해, 도노추조가 왔다. 도노추조는 평상시처럼 다정하게 겐지의 탁자 속에 있는 여자들의 글을 보고 싶다는 말을 꺼냈고 편지를 보여 주는 사이에 이야기는 자연스럽게 여성품평이 되었다. 때마침 거기에 사마노카미[左馬頭]와 도시키부노조[藤式部丞]가 문안을 왔다. 모두 명성이 높은 호색가이고 언변도 유창한 남자들이기 때문에 여성품평 논의에 탄력이 붙었다.

우선 여자를 상·중·하 3등급으로 나누고, 상류층에서 태어났지만 예상과 달리 부족한 인품으로 흥이 깨지는 경우도 있으며, 한마디로 지방 수령이라고 가볍게 보기 쉬운 중류계층의 여자에게 존귀함이 있는 것이 요즘의 세태라는 등의 이야기부터 시작해 각각 관련이 있었던 여성들과의 체험을 이야기한다.

사마노카미는 만났던 사람이 집안일도 능숙하며 남자의 의복을 따뜻하게 하고 기다려 주는 정이 깊은 여자였지만 질투가 심해 남자 손에 매달려 떨어지지 않는 결점이 있었다. 그는 질투심이 강한 여자가 귀찮아 기분전환을 위해 성적 매력이 있고 애교 있는 여자와 사귀었지만 이 여자는 벌써 다른 남자와 관계하고 있는 것을 알고 실망했다고 고백한다.

도노추조는 본처의 질투에 놀라서 딸자식이 있었음에도 행방불명이 된 마음 약한 여자 이야기를 한다. 시키부노조는 껄끄러운 침실 이야기를 한 뒤, 자신에게 학문을 가르쳐 주었던 여학자의 이야기를 꺼냈다. 감기약으로 마늘을 복용해서 악취가 나기 때문에 가까이 오지 말라고 해서 다가서지도 못했던 추억 이야기였다. 이렇게 새벽까지 다양한 여자의 심리에 대한 경험담과 논의가 있었지만, 생각했던 이상형의 여자를 좀처럼 구할 수 없다는 것으로 그 밤 이야기는 끝났다.

이튿날 비가 그쳐 겐지는 좌대신 저택으로 돌아갔다. 가는 길이 좋지 않아, 그날 밤은 방향을 잘못 들어 나카가와[中川]에 있는 키노카미[紀伊守]의 저택으로 옮겼다. 여기에는 키노카미의 아버지 이요노스케[伊予介]의 젊은 후처 우쓰세미[空蟬]가 있다. 우쓰세미는 아버지를 잃고서 신분도 낮고 나이차도 많은 이요노스케의 후처가 된 것을 늘 한탄하고 있었다. 그 그윽한 배려에 마음이 끌려 겐지는 늦은 밤, 사람이 잠들어 조용할 때를 기다려 우쓰세미의 침소에 은밀히 들어갔다. 놀란 그녀를 설득하여 좀처럼 자신의 의견을 따르려고 하지 않는 우쓰세미를 달래 자신의 뜻을 성취하였다.

그 후 겐지는 우쓰세미를 잊지 못해 우쓰세미의 남동생 코기미[小君]를 중매자로 삼아 편지를 계속해서 보냈으나 우쓰세미는 완고하게 답장을 하지 않는다. 며칠이 지나 겐지는 다시 키노카미의 저택을 방문했지만 우쓰세미는 하녀의 방으로 들어가서 결코 만나려 하지 않았다.

뜰에 있는 대 싸리처럼 다가가면 사라지는 당신의 마음조차 알지 못해 어찌할 바를 모르겠습니다.

비천한 집안 출신이라 부끄러워
더는 견딜 수 없어 사라져버리는 대 싸리, 바로 접니다.

# 3권 「우쓰세미[空蟬]」

 겐지는 그 후에도 우쓰세미를 만나러 여러 번 들렸지만, 끝내 만나지 못했다. 어느 날 저녁, 겐지는 우쓰세미가 의붓딸 노키바노오기[軒端荻]와 바둑을 두고 있는 것을 보았다. 노키바노오기는 흰 얼굴에 말수가 적고 풍만한 몸집을 가진 매우 화려한 여자였다. 그러나 우쓰세미가 용모가 떨어진다 할지라도 차분한 태도와 오묘한 분위기를 자아냈기 때문에, 겐지는 우쓰세미에게 더욱 끌렸다.

 이윽고 밤이 깊어지고, 사람들이 모두 잠들어 조용해지자 겐지는 우쓰세미의 방에 살짝 들어갔다. 우쓰세미의 침실에는 노키바노오기가 함께 머물고 있었다.

 정신없이 숨소리를 내쉬며 자고 있는 노키바노오기 옆에

서 생각에 잠겨 있던 우쓰세미는 향기로운 냄새에 번뜩 눈을 떴다. 어둠 속에서 사람의 그림자가 움직인다. 우쓰세미는 곧 얇은 겉옷을 남기고, 방에서 살짝 나왔다.

노키바노오기에게 다가간 겐지는 사람을 잘못 보았다는 것을 알았지만, 이제 와서 어찌할 도리도 없었다. 겐지는 여러 차례 이 곳에 온 것은 당신에게 반했기 때문이라고 둘러대고 노키바노오기와 하룻밤 정을 나눴다. 유연하면서도 대범한 여자였던 노키바노오기는 소란도 피우지 않았고 그 나름대로 사랑스러웠다.

어쩔 수 없이 겐지는 우쓰세미가 남기고 간 매미날개 같은 얇은 겉옷을 갖고 밖으로 나왔다. 하인의 안내를 받으며 집으로 돌아오려고 할 때, 잠에서 깨어 밖으로 나온 늙은 여자에게 들켰지만, 자신을 다른 사람으로 잘못 알아보는 바람에 무사히 집으로 돌아올 수 있었다. 겐지는 하인을 시켜 우쓰세미에게 시를 보냈다.

> 매미가 껍질을 벗듯이 겉옷만 남기고 사라진 당신을 그리워하고 있습니다.

우쓰세미는 완강하게 겐지를 거부했지만, 마음은 천 갈래 만 갈래로 찢어졌다.

매미날개 위에 맺힌 이슬이 보이지 않듯이
조용히 내 소매는 눈물로 젖어 있습니다.

이것은 그녀의 거짓 없는 마음이었다.

노키바노오기는 누구에게도 터놓을 수 없는 심정을 안고 멍하니 있었다. 사소한 일에 신경 쓰지 않는 성격이라 고심하며 조바심을 내지 않았지만 하인이 바쁘게 겐지의 저택을 왕래하고 있는데도 한 장의 편지도 오지 않는 것이 수상쩍고 도대체 무슨 일인지 섭섭해 하는 모습이었다.

4권 「유가오[夕顔]」

 어린시절 어머니를 여읜 겐지는 어머니의 모습과 닮은 아버지 천왕의 후궁인 후지쓰보를 사모하는 마음을 지울 수가 없다. 성인식 때 맞이한 정처 좌대신 딸 아오이노우에[葵上]는 너무 단정하여 가까이하기 어렵다. 또 요즘 드나들기 시작한 전 동궁비였던 로쿠조노 미야스도코로[六条御息所]도 연상이며 자존심이 강해 어려운 상대였다.

 로쿠조노에게 겐지가 은밀히 드나들고 있던 여름의 일이었다. 퇴궐하는 도중, 휴식을 겸해 다이니[大貳]의 유모가 중한 병에 걸려 비구니가 된 것을 문안가려고 예고도 없이 그 집을 방문하였다.

 가마가 들어가는 정문은 닫혀 있어서 하인에게 유모의 자식인 고레미쓰[惟光]를 부르게 하고 가마 안에서 기다리고 있었다. 하는 일 없이 작은 집들이 늘어서 있는 고조[五条] 대로를 바라보고 있자니 이 집 옆에 울타리 같은 것을 새롭게 묶어 두른 집이 있고, 위쪽은 격자창을 4~5칸 죽 매달아 올리고 그곳에 늘어뜨린 발은 시원하고 서늘한 느낌이 드는데, 아름다운 여자의 이마가 발 너머에서 호기심이 많은 듯이 이쪽을 바라보고 있는 것이 보인다. 서성거리고 있는 듯한 여자들의 보이지 않는 얼굴부터 하반신을 상상하니 매우 키가 큰 듯한 느낌이 든다. 도대체 어떤 신분의 여자들이 모여 있는 것일까라고 신기한 것을 보는 듯한 기분이 들었다.

가마도 특별히 눈에 띄지 않도록 가장하였고 길도 통제하지 않도록 하였기 때문에 자신이 누구인지 알려질 리 없다고 안심한 겐지는 창문으로 얼굴을 조금 내밀어 들여다보았다. 문은 덧문 같은 격자를 장대로 들어올렸고 집안도 보잘것없는 거처임을 애처로운 마음으로 바라보면서 이 세상은 어디나 임시 거처라고 생각하니 금전옥루도 이같이 덧없는 거처와 같은 것이 아닐까 하는 생각도 든다.

> 판자 울타리에 푸릇푸릇 무성한 넝쿨이 무럭무럭 뻗어 있고
> 그곳에 새하얀 꽃이 저 혼자 기분 좋게 웃는 얼굴을 보이고 있다.
> 먼 곳에 있는 사람에게 고합니다. 그곳에 피어 있는 꽃은

겐지가 무심코 혼잣말로 시의 앞 구절을 읊자, 수행원 한 사람이 무릎을 꿇고,

"하얗게 피어 있는 것을 나팔꽃이라고 합니다. 꽃 이름은 정말로 사람 같아서 이렇게 보잘것없는 울타리에 핍니다."

라고 말하였다. 그 말대로 정말로 작은 집에만, 여기저기 초라하고 무너질 듯한 처마 끝 등에 넝쿨을 늘어뜨리고 서로 엉키어 있는 것을 바라보며,

"허무한 꽃의 운명이여, 한 송이 꺾어오너라."

라고 겐지가 명령하니 하인은 쓰러질 듯한 문 안으로 들어가 꽃을 꺾었다. 보잘것없는 집이지만 그래도 풍치 있는 미닫이에서 노란 생견에 홑겹 하의를 길게 늘어뜨려 입은 귀여운 여자아이가 나와 수행원을 작은 손짓으로 부른다. 가까이 가 보니 매우 짙은 향기를 내며 색깔도 타는 듯한 흰 부채를 내밀며,

"이 위에 올려서 보세요. 줄기도 정취가 없는 꽃입니다."

라며 건넸다. 그때 막 문을 열고 고레미쓰가 나왔기 때문에 수행원은 그 손으로 꽃을 겐지에게 올렸다.

나팔꽃을 받게 된 것이 계기가 되어, 유모의 아들인 고레미츠의 노력으로 겐지는 결국 유가오[夕顔]의 집에 드나들 수 있게 되었다. 유가오 집 여인의 상냥하고 요염한 자태에서 일찍이 다른 여성들에게서는 느낄 수 없었던 마음의 평온함을

느낀 겐지는 신분을 숨기고 계속 그 집에 드나들었다. 그리고 어쩌면 이 여인이 비 오는 날 밤 여인들에 대한 품평회를 열었을 때, 도노추조가 이야기한 그 마음 약한 여인이 아닐까 하고 생각하기도 했다.

본처의 질투 때문에 도망하였다고 도노추노가 말했지만 정말로 그런 일도 있을 법한 미덥지 못한 풍경이었다. 그러고 보면 비 오는 날 밤 품평회에서 신분이 낮은 여인네 중에도 아름다운 여인이 있다고 누군가가 말했는데, 매우 천한 신분인데 이처럼 멋진 여성이 숨어 있을 줄이야 하며 겐지는 감탄할 뿐이었다.

니조 저택으로 옮길 것을 생각하고 있는 중에, 비좁은 고조 집에서는 인근의 생활고 소리 등이 들려오는 따분함 때문에 8월 15일 달 밝은 새벽녘에 겐지는 결심하고 유가오를 데리고 모처로 갔다. 사는 사람도 없고 황폐한 곳이지만 아무도 보는 사람이 없다는 홀가분함에 평온하고 허물없는 하루를 지낸다. 그는 순진한 이 여인이 점점 사랑스럽게 느껴졌다. 그러면서도 마음 한편으로는 로쿠조노 미야스도코로를 생각하기도 했다.

초저녁 무렵, 깜박 잠이 든 겐지의 머리맡에 누군지 알 수 없으나 매우 아름다운 여인이 앉아,

"제가 정말로 훌륭한 분으로 믿고 사모하고 있었는데, 저

에게는 찾아오시려고도 하지 않고 아무런 쓸모도 없는 여자를 데리고 다니시며 총애하시니, 어처구니없고 원망스럽기 그지없습니다."

라고 말하며 옆에 있는 여인을 일으켜 깨우려고 하는 것을 보았다. 무언가에 기습을 당한 것 같아 깜짝 놀라 눈을 뜨니 등불도 꺼져 있는 것이 아닌가. 겐지는 오싹할 정도로 불길하여 칼을 뽑아 옆에 놓고 하인을 깨웠다. 이 하인도 무서워하면서 옆으로 다가왔다.

"바깥 복도에 경호원이 있을 테니 깨워 등불에 불을 밝혀 오라고 전해라."

겐지가 이렇게 명령하니,

"어떻게 가라 하시옵니까? 이렇게 어두운 곳을."

라고 대답하였다.

"이런, 어린애 같은 소리를 하다니."

겐지가 웃으며 손뼉을 치니 메아리가 넓고 어두운 방안에 스산하게 울려 퍼지는 것이었다. 누구 한 사람도 듣고 달려오는 자가 없다. 끌어안고 있는 여인은 두려움에 부들부들 떨며 어찌하면 좋을지 모르는 표정이었고 흠뻑 땀에 젖어 제정신이 아닌 듯이 보였다.

"천성이 겁이 많으신 분이라 필시 너무나 무서워 저러는 것일 것이옵니다."

하인이 말하였다. 정말로 허약해져 멍하니 허공만 바라보고 있는 것이 가엾게 보였다.

"내가 누군가를 깨워서 데려와야겠다. 손뼉을 치면 울려서 시끄러우니 이쪽으로 와서, 잠깐 동안 곁에 있어라."

겐지가 하녀를 가까이 오게 하여 여인 곁에 앉혀 두고, 혼자서 서쪽 미닫이 쪽으로 가서 문을 여니 복도 불이 모두 꺼져 버렸다. 바람이 조금 불고, 인기척도 없고, 수행원들은 모두 잠들어 있다. 이 집을 지키는 남자로 겐지가 자주 심부름을 시킨 젊은 사내, 그 외에 동자 한 명, 시종 드는 사람이 있을 뿐이었다. 이름을 부르자, 집 지키는 아이가 대답하며 일어나 왔기에,

"불을 밝혀 오도록 해라. 수행원도 활시위를 튕겨서 계속 소리를 내도록 해라. 인기척이 없는 곳에서 편안하게 잠을 잘 수 있겠는가. 고레미쓰가 조금 전에 온 것 같은데."

라고 물었다.

"왔었습니다만 별다른 말씀이 없으셔서 새벽녘에 온다는 말을 남기고 돌아갔습니다."

이렇게 대답한 남자는 황실수호 무사였기 때문에 활시위를 용맹스럽게 튕기면서

"불조심!"

이라고 외치면서 집 지키는 아이의 방 쪽으로 사라져 간

것 같다. 이 일과 관련해서 겐지는 황실에서 일어날 일을 떠올리고, '점호 시각은 지났겠지. 마침 황실수호 무사의 숙직자 이름을 부를 시각이겠지'라고 짐작하였다. 아직 밤이 깊지 않았다는 것이다.

방으로 돌아와 손으로 더듬거리며 찾고 있는데, 유가오는 조금 전처럼 그대로 엎드려 있고 그 옆에 하녀는 웅크리고 있다.

"이건 또 무슨 일이야. 해괴한 일도 다 있지. 이런 곳에는 여우와 같은 것이 살고 있어서 사람을 놀래 주려고 못된 장난을 하기도 하지. 내가 있는 한 그런 것에 놀랄 일 없다."

라며 하인을 일으켜 세웠다.

"너무 무서워 어떻게 될 것만 같아서 엎드렸습니다. 그것보다 얼마나 무서웠겠습니까?"

하인은 떨면서 말하였다.

"그러니 말이다. 어째서 이런 일이?"

유가오를 손으로 더듬어 보니 숨도 쉬지 않는다. 놀라 흔드니 맥없이 쓰러져 있고 완전히 정신을 잃은 모습이었다. 어린아이같이 순진한 사람이라서 귀신에게 정신을 빼앗겨 버린 것이 아닐까라고 생각하였지만 겐지 자신의 힘으로는 어찌할 수 없었다.

마침내 무사가 등불을 가져왔다. 하녀도 제대로 움직일 수

없는 상태이므로 휘장을 치고 유가오를 숨긴 뒤,

"좀더 이쪽으로 가져오라."

라고 말하였다. 무사는 이전에 없던 일이라서 가까이 다가가는 것을 꺼리며 방으로 들어오려고 하지 않는다.

"개의치 말고 이곳까지 가지고 오너라. 사양하는 것도 때가 있다."

라고 호통하고 불을 잡고 여자를 보니, 순간 조금 전 꿈속에서 보았던 여자의 환영이 보였다가 사라졌다. 옛날이야기에 이런 일이 있었다는 것을 들었지만 실로 이상하고 기분이 나빴다. 그것보다도 우선 옆에 있는 사람이 어떻게 되었는지 걱정이 되어 자신의 생각 등을 돌아볼 여유도 없었다. 가까이 다가가서,

"어찌된 일이냐?"

라고 흔들어 깨워 보지만, 이미 완전히 굳어 버렸고 숨도 끊어졌다. 뭐라 해야 좋을지 어찌해야 좋을지 믿고 이야기할 상대도 없었다. 스님이라도 옆에 있다면 이런 때는 매달릴 수도 있겠지만……. 겐지는 혼자서 강한 체하였지만, 아직 젊은 나이에 연인이 허무하게 죽어 버린 것을 보고 어찌할 바를 몰라 시체를 꼭 안으며,

"사랑스러운 이여…… 부디 살아나게. 나를 슬프게 하지 마라."

그렇게 사정을 해도, 완전히 차가워져 안고 있는 느낌도 이상하게 달라져 가는 것이 느껴졌다. 하녀는 무서움에 떨던 모습은 어디로 갔는지 지금은 당황하여 울기만 할 뿐이다.

부름을 받고 온 고레미츠에게 뒷일을 부탁하고 니조 저택으로 돌아온 겐지는 제정신이 아니었다. 히가시야마[東山]의 가까운 절로 옮긴 유가오의 시체를 보러 갔지만, 더욱 슬픔에 빠진 겐지는 니조 저택으로 돌아오자마자 병을 얻어 20일간 병상에 누워 있었다.

하녀는 그대로 니조 저택에서 일하게 되었다. 겐지는 하녀로부터, 유가오가 도노추조가 말한 기가 약한 여자라는 것과 어린 딸이 있다는 것을 듣고, 가능하면 그 딸을 돌보고 싶다고 생각했다.

그 무렵, 우쓰세미의 남편 이요노스케[伊予介]가 임지에서 상경하여, 겐지의 거처에 인사하러 왔다. 이번 10월에는 우쓰세미를 데리고 임지로 내려간다는 것을 듣고, 겐지는 우쓰세미에게 보내는 편지와 선물을 부탁하고 지금까지 곁에 두었던 얇은 겉옷도 돌려보냈다. 우쓰세미로부터도 아무렇지도 않은 듯 답장이 왔다.

겐지는 새삼스럽게 덧없이 죽은 유가오와 멀리 이요로 가버리는 우쓰세미를 비교하며

죽은 사람도 오늘 이별하는 사람도

각각 갈 곳도 모르는 가을 저녁이구나.

라고 시를 읊었다. 가을바람이 한층 더 차가운 날들이었다.

5권 「와카무라사키[若紫]」

봄, 겐지가 학질에 걸려 병이 낫기를 기도해도 좀처럼 차도가 없어 기타야마[北山] 깊은 암자에서 수행하고 있는 영험한 노승을 찾아갔다. 기도를 받고 나서 호전되었다.

봄날 해도 길고 무료하여, 해질 녘 심하게 안개가 끼여 있는 틈을 타 겐지는 늘 다니던 고시바가키[小柴垣] 근처로 외출했다. 다른 시종은 돌려보내고, 고레미쓰[惟光]와 함께 울타리 안을 들여다보니, 바로 가까운 서쪽 방에 불상을 모셔 두고 독경을 하고 있는 비구니가 있었다. 발을 조금 말아 올리고 불전에 꽃을 공양하고 있는 것 같다. 가운데 기둥에 기대어 앉아 궤 위에 불경을 놓아 두고 상당히 귀찮은 듯이 경을 읽고 있는 비구니는 보통사람으로는 보이지 않았다. 사십이 조금 지났을까 살갗이 희고 기품이 있으며 말랐지만 볼은 통통하고 눈매와 예쁘게 잘라 낸 머리끝은 산뜻해서 긴 것보다 오히려 세련됐다고 겐지는 감탄하면서 바라보고 있었다.

말쑥한 시녀 두 명 정도와 여자아이가 들락거리며 놀고 있다. 그 중에 열 살 정도 되었을까, 흰색 속옷에 잘 어울리는 겉옷을 입고 달려 온 여자아이는, 그곳에 있는 다른 어린아이와는 비교할 수 없을 정도로, 매우 귀여운 용모를 하고 있다. 머리카락은 부채를 펼친 듯이 끝이 퍼져 찰랑거리고, 얼굴은 손으로 비벼 발갛게 하고서 비구니 옆에 서 있다.

"무슨 일이 있나요? 아이들과 싸움이라도 하셨나요?"

라고 말하면서 올려다보고 있는 비구니 얼굴과 조금 닮은 곳이 있어서 겐지는 이 사람의 아이일 거라고 생각하며 보고 있었다. 여자아이는,

"참새 새끼를 개가 쫓아 버렸어. 닭장 속에 일부러 넣어 두었는데."

라고 매우 안타까워하는 듯했다. 그곳에 앉아 있던 시녀가,

"또 바보 같은 놈이 이런 실수를 해서 야단을 맞다니. 정말로 안 되겠네요. 대체 어디로 날아가 버린 것인지. 정말 귀여웠는데…… 까마귀 눈에 띄기라도 하면 큰일입니다."

라고 말하고 일어나 나갔다. 머리카락은 부드러우면서 매우 길고, 언뜻 보기에는 무난한 용모의 여자인 듯하다. 쇼나

곤[少納言]의 유모라고 모두가 부르는 것을 보면 이 여자아이를 돌보고 있는 것 같다. 비구니가,

"음. 정말 철이 없네. 내가 내일도 장담할 수 없는 인생인데, 아무 생각도 없이 참새만 쫓아다니다니. 살생하면 벌을 받는다고 말씀드렸는데…… 한심하군."

라고 말하며 아이를 부르니 여자아이가 옆에 와서 무릎을 꿇고 앉았다.

얼굴 생김새가 사랑스럽고 눈썹 주변이 어슴푸레한 게 아름다우며 꾸밈없이 빗어 올린 머리카락과 이마의 모습이 매우 귀엽다. 앞으로 얼마나 아름다운 어른이 될지, 그 모습을 지켜보고 싶은 아이라고 겐지는 생각하며 바라보고 있다.

사실은 한없이 마음속으로 연모하고 있는 후지쓰보와 어린아이의 용모가 이상하리만큼 닮아서 겐지 자신도 모르게 눈을 뗄 수 없었다고 생각하니 눈물이 고였다.

잘 아는 승려에게 물어보니 그도 그럴 것이, 이 어린아이는 후지쓰보의 오빠인 국방장관의 딸로, 어머니가 일찍 돌아가시고 할머니인 비구니가 기르고 있었다. 그것을 들으니 더욱 이 아이가 사랑스럽고, 곁에서 돌봐 주고 싶은 생각이 든 겐지는 비구니에게 이 아이를 자신이 키울 수 있게 해달라고 부탁한다. 그러나 비구니는 아직 너무 어리다고 말하며 사양하였다.

우울한 겐지는 교토에서 마중 나온 도노추조를 비롯한 좌대신의 자제들과 함께 꽃나무 아래에서 연회를 열고 심산의 봄을 아쉬워하며 궁으로 돌아갔다. 겐지의 병을 걱정한 천왕과 좌대신도 그의 귀환을 기뻐하였고, 좌대신은 겐지를 자기 집으로 데리고 돌아왔다. 그러나 정처인 아오이노우에는 변함없이 시치미를 떼며 차갑게 대했다. 겐지의 마음은 점점 무라사키[紫]에게 기울고 있었다. 그리고 자주 기타야마[北山]의 승려나 비구니에게 편지를 보냈다.

그 때 후지쓰보가 가벼운 병으로 고향에 내려와 있었다. 겐지는 옆에서 섬기는 궁녀를 몹시 책망하고, 드디어 어느 날 밤 후지쓰보 침소에 들었다. 결국 후지쓰보는 회임하였고 겐지도 후지쓰보도 고민하지 않을 수 없었다.

한편 교토의 저택으로 돌아온 비구니가 병에 걸렸다는 소식을 듣고, 겐지가 문병을 갔다. 그 후 곧 비구니는 죽고 어린 여자아이는 유모와 함께 쓸쓸히 저택에 남았다.

여자아이의 아버지, 국방장관은 아이를 본가로 데려오려 한다. 아이의 죽은 어머니에게 가혹했던 본처도 측으히 여겨 사랑으로 키우려고 생각하고 있었다. 겐지는 아이를 본가로 데리고 오는 것도 어렵다고 생각하여 어린아이와 유모를 강제로 니조 저택으로 데리고 왔다. 어찌할 줄 모르며 따라왔던 유모는 서쪽에 조성된 어린아이의 훌륭한 거처를 보고 감탄한다.

처음에는 어색해하던 아이(무라사키)도 궁궐 일까지 소홀히 하며 친절히 대해준 겐지의 상냥함에 그 마음이 점차 온화해졌다.

겐지는 놀이 외에도 습자와 음악을 가르치고 이 어린아이를 이상적인 여자로 키우려고 열심히 교육하였다. 바깥에서 돌아오면 이것저것 이야기하며 친근하게 다가오는 아이의 귀여움에 겐지는 완전히 마음이 끌렸다.

국방장관 집에서는 유모가 계모를 두려워하여 숨었다고 생각하며 새삼스럽게 아쉬워했다.

6권 「수에쓰무하나[末摘花]」

　상대방이 어느 쪽도 마음 편한 이들이 아니라서 겐지는 더욱 더 죽은 유가오의 사교성과 상냥함이 생각났다. 또한 우쓰세미의 일도 마음 한구석에 남아 있고 노키바노오기[軒端荻]의 편안함도 생각이 났다. 대체로 한번 만난 사람을 완전히 잊어버리지 못하는 것이 겐지의 성격이었다. 그즈음 죽은 히다치[常陸]가 만년에 얻은 여식이 있었는데, 아버지가 죽은 뒤 거문고를 뜯으면서 외롭게 살고 있다고 젊은 궁녀가 이야기했다. 이 이야기에 마음이 끌린 겐지는 궁녀를 졸라, 어스름한 달이 뜬 열엿샛날 밤에 여자의 집을 안내 받고 거문고 소리를 들었다. 거기서 겐지의 뒤를 쫓아온 도노추조와 마주치고, 두 사람은 그 후 여자에게 마음을 적은 글을 보내지만 어느 쪽에게도 답장은 오지 않았다.

겐지는 도노추조라고 하는 경쟁상대도 있었기 때문에 서둘러 궁녀를 졸라 히다치 집을 방문하기로 하였다.

그런데 만나 하룻밤을 보내고 나니, 그 여자는 답장 하나 하지 못하는 어수룩한 여자였다. 실망하여 아침 일찍 니조 저택으로 돌아온 겐지는 저녁에야 겨우 편지를 보냈다. 3일간 방문도 하지 않아 히다치 쪽에서는 슬픔에 빠졌다.

겐지는 여자다운 여자가 없다고 낙심하면서도 궁중의 단풍축제 준비로 바빠서 로쿠조노 미야스도코로에게도 왕래하지 못했다. 어린 무라사키를 바라보는 것만이 유일한 위안이었다. 하지만 바쁜 일도 끝나자, 겐지는 때때로 히다치 집에 갔다. 겨울이 되어 눈이 쌓인 밤, 겐지는 저녁 즈음부터 히다치 집에 가서 슬쩍 안을 엿보았더니 하녀들은 초라한 식사를 하면서 꽤 추운 듯이 푸념을 늘어놓고 있었다. 여자는 변함없이 뒤로 물러나 있기만 할 뿐이고 아무런 느낌도 없었지만, 새벽이 밝아 오자 겐지는 격자를 올리고 같이 눈 내리는 정원을 보자고 권했다. 그런데 눈 내린 아침의 빛으로 처음으로 뚜렷이 본 여자의 모습은 몸통이 길고, 예쁜 부분은 뒤쪽으로 길게 늘어진 검은 머리뿐이었다. 얼굴은 눈보다 희지만 코가 코끼리처럼 길고 코끝이 빨개서 보기 흉하였다. 어째서 추한 모습까지 보았을까 하며 후회하였다.

의복도 형편없었고 낡은 웃옷 위에 모피를 겹쳐 입은 모습이 젊은 여자답지 않았다. 너무나 불쌍하여 서둘러 그 집을 떠나며 겐지는 아침 햇살에 비친 황량한 정원과 쓰러질 듯 기울어진 중문 등을 물끄러미 바라보았다. 이런 곳에 사랑하는 딸을 남겨 두고 죽은 아버지가 안타까이 여겨, 자신을 이곳으로 오도록 인도한 것은 아닌가 하는 생각이 들었다. 특히 추한 용모를 보고는 측은한 마음을 억누를 길 없어, 편지를 빠짐없이 보내면서 선물로는 하인의 것까지 신경을 쓰면서 마음을 담아 보냈다.

연말에 궁녀가 난처한 얼굴로 겐지에게 왔기에 무슨 일일까 생각했는데, 히다치 집의 여자 소식과 선물을 전해 주러 온 것이었다. 편지 내용도 어설프고 선물로 보낸 옷도 낡아 얼굴이 붉어질 정도였다. 겐지는 여자의 코가 붉어서 잇꽃이 연상되어 탄식을 하기도 하였다.

겐지는 니조 저택에서 무라사키를 상대로 잇꽃을 닮은 얼굴을 그리거나 자신의 코에 빨간 색을 칠하는 장난을 치며 휴식을 취하고 있었다.

7권 「모미지노가[紅葉賀]」

　천왕의 행차는 10월 10일 이후이다. 이번 여행은 평소와는 달리 매우 흥미 있을 것이라고 생각되는 행사이다. 그러나 뇨고나 고이 등 후궁들은 구경할 수 없어 아쉬워하였다. 천왕도 후지쓰보 후궁이 볼 수 없는 것을 안타까이 여겨 궁궐에서 행차하기 전에 예행연습을 하도록 하였다.

　겐지는 그날 청해파(靑海波)라는 춤을 추었다. 그 상대는 좌대신 집안의 도노추조로 용모와 자세도 뛰어났지만 겐지와 나란히 있으면 심산의 나무처럼 겐지의 수려함에 가려 눈에 띄지 않았다. 때마침 서쪽으로 기우는 노을빛이 선명하게 비치고 음악소리가 한층 더 아름답게 울려 감흥이 최고조에 이르렀을 즈음, 같은 춤이라도 겐지의 발걸음과 얼굴 표정은 이 세상의 것이라고는 생각되지 않을 정도로 훌륭했다. 시를 낭송하는 목소리조차 부처의 나라에 사는 상상의 새 소리로 착각할 정도로 깨끗하고 맑게 들린다. 감동적인 춤사위에 천왕은 물론 황족들과 귀족들도 모두 눈물을 흘렸다. 시낭송이 끝나고 소매를 휘두르니 기다리고 있던 음악이 화려하게 연주되고, 겐지의 얼굴이 한층 더 맑아지면서 평소보다 더욱 빛나 보인다. 고키덴[弘徽殿] 뇨고가 이처럼 눈부신 겐지의 자태를 보고는 언짢은 기분으로,

"신들이 하늘에서 홀려서 숨기기라도 한 것 같은 모습이었어. 기분이 나쁘군."

라고 말하는 것을 옆의 젊은 궁녀 등은 어이없는 말로 알아들었다.

후지쓰보는 도리에 어긋나는 마음을 서로 갖지 않았더라면 오늘 겐지의 춤이 한층 더 멋지게 보일 것이라고 생각하면서도 꿈속에 있는 것 같은 기분이 들었다. 후지쓰보는 그대로 천왕의 처소에 있었다.

"오늘 시연은 겐지의 무용에 완선히 압도당했어. 어떻게 보셨는지?"

라고 천왕이 만족한 듯 묻자 어떻게 대답하기가 어려워,

"각별하였습니다."

라고만 말하였다.

"상대도 나쁘지는 않았던 것 같아요……춤추는 모습과 손짓 등 역시 명문의 자제는 어딘가 달라 이름난 스승들도 춤은 정말로 훌륭해도 호탕하고 고상한 아름다움을 보여 주지는 않지. 시연에 이렇게 감동하면 행차 당일 날은 무언가 부족하지는 않을까 걱정되지만 아무튼 당신에게 보여 주려고 준비시킨 거요."

라고 천왕은 말하였다.

다음 날 아침, 겐지는 후지쓰보에게 편지를 보냈다.

> 어제 제 춤을 어떻게 보셨습니까? 흔들리는 마음을 숨기고
> 마음이 혼란스러워 춤을 출 수가 없는데
> 당신을 위해 춤춘 내 마음을 아시겠습니까?
> 황송합니다.

후지쓰보도 겐지의 눈부셨던 모습과 용모 때문에 그냥 지나쳐버릴 수 없었던 탓일까. 답장에,

> 당나라 사람이 추었다는 고사는 잘 모르겠지만
> 어제 당신의 춤은 훌륭했습니다.

라고 적었다. 겐지는 더없이 감사하게 생각하였다. 후지쓰

보가 이렇게 춤에 대한 고사까지 알고 시 속에 표현하였다는 것은 지금이라도 충분히 왕후가 될 만한 품위를 갖춘 것이라고, 겐지는 자신도 모르게 미소 지으며 이 편지를 귀중한 경전인 것처럼 펼쳐 보았다.

겐지가 정삼위 참의가 되고 도노추조는 정사위로 승진했다. 두 사람의 우정은 변함없었고, 겐노나이시노스케[源典侍]란 호색가인 늙은 궁녀에게 장난치기도 하였다.

후지쓰보의 출산이 늦어졌지만, 2월 10일이 지나 남자아이를 낳고 4월에 입궐했다. 이상하리만큼 겐지를 닮았지만 천왕은 기뻐했다. 7월에 후지쓰보는 중궁이 되었다. 고키덴 뇨고는 불만스러웠지만 뇨고의 아들이 동궁(東宮)이 되면 틀림없이 태후가 될 것이라고 천왕은 고키덴 뇨고를 위로하였다.

중궁이 되고 나서 처음으로 입궐한 밤, 함께 있었던 겐지는 자신의 마음을 시로 읊었다.

> 높은 위치에 오른 연인을 보았으나
> 마음속 어둠이 가실 것 같지 않구나.

후지쓰보는 아들이 점점 겐지를 닮아가는 것이 괴로웠지만, 다행히 누구도 알아채는 자가 없었다.

8권 「하나노엔[花宴]」

 2월 20일경 쯤 궁궐에서 벚꽃잔치가 열렸다. 후지쓰보 중궁과 동궁의 자리를 옥좌의 좌우에 배치하였고, 둘이 자리에 앉았다. 고키덴 뇨고는 유쾌하지는 않았지만 오늘같이 성대한 벚꽃잔치에 가만히 있을 수가 없어서 참석하였다.

 날씨도 화창하고 만발한 꽃 속에서 지저귀는 새소리도 아름답다. 함께 자리한 천왕과 태자, 왕녀, 당상관들을 비롯하여 모두 운자(韻字)를 받고 시를 짓기 시작하였다.

 석양이 지고 동궁은 꽃비녀를 겐지에게 하사하고 휘파람새가 지저귀는 모습을 형상화한 춤을 부탁하였기 때문에 겐지는 사양하지 못하고 일어서서 조용히 소매를 휘날리며 춤을 추었다. 품위 있고 고운 모습이었다. 좌대신의 장남인 도노추조는 유화연(柳花宴)이란 춤을 멋지게 추고 천왕으로부터 옷을 하사 받았다.

밤이 되어서 시를 낭독할 때에도 겐지의 작품이 멋있어 위아래 사람들이 칭찬을 아끼지 않았다.

밤이 깊어지자 겨우 주연이 끝났다. 귀족들이 각각 돌아가고 중궁과 동궁도 숙소로 돌아갔으므로 주변은 조용했다. 밝게 비치는 달빛이 정취가 있어서 겐지는 들뜬 기분이 되었고 가만히 있을 수 없었다. 천왕을 섬기는 궁녀들도 침소에 들었다. 정원을 떠돌다가 혹시 후지쓰보 중궁을 볼 수 있을까 하여 겐지는 몰래 배회하고 있었지만 말을 전해줄 시녀의 방문도 꼭 잠겨 있어서 한숨만 내쉬었다. 이대로 포기할 수 없어 반대편 고키덴의 처소에 들르자 문이 조금 열려 있었다. 처소에서 안쪽으로 통하는 문도 열려 있고 인기척도 없다. 겐지는 이런 부주의가 남녀 사이에 불상사가 일어나는 원인이 된다고 생각하면서 살짝 들어가 안을 들여다보았다. '시녀들은 모두 잠들어 있겠지……' 그러자 매우 젊고 아름다운 듯한 목소리로, 게다가 보통 신분이라고는 생각할 수 없는 여자가,

"어슴프레한 달과 닮은 것은 없구나."

라고 흥얼거리며 이쪽으로 걸어오는 것이 아닌가. 겐지는 정말로 기뻤고 곧바로 그 여자의 소매를 잡았다. 여자는 놀란 모습으로

"기분 나쁘게 누구에요?"

라고 말했지만 겐지는,

"그렇게 기분이 나쁠 것도 없지 않습니까? 깊은 밤 달빛에 홀려 당신을 만난 것도 인연이라고 생각합니다."

라며 방에 안고 들어가 문을 닫아버렸다. 놀란 모습이 귀엽고 요염했다. 여자가 무서움에 떨며,

"이곳에 누군가가."

라고 말을 하자 겐지는,

"나는 누구에게 책망 받을 사람이 아닙니다. 조용히 하세요."

라고 말했고, 그 소리에 여자는 남자가 겐지라는 것을 알고 조금 안심하였다. 여자는 남녀의 애정도 모르고 정감이 없는 고집 센 여자로 보이고 싶지 않아 거부하지도 않고 몸을 맡겼다. 사람들이 술렁거리는 기미가 보이자, 두 사람은 서로 성명을 알려줄 여유도 없이, 부채를 서로 바꾸고 헤어졌. 어느 덧 3월 말이 되었다. 우대신 집에서는 등나무 꽃 잔치를 열었다. 초대 받아 간 겐지는 꽃 잔치에서 어스름한 달밤에 노래를 읊조린 여자가, 우대신 집안의 여섯 번째 딸로 동궁과 결혼을 앞두고 있었다는 것을 알았다. 바로 고키덴 태후의 여동생인 것이었다. 사건이 밝혀지면 어떻게 될까? 그런데 겐지는 휘장 너머로 여동생의 손을 잡고,

"어렴풋이 만난 사람을 찾아 헤매고 있습니다."

라고 말을 걸었다. 상대도 4월의 결혼을 앞두고 날마다 꿈과 같았던 하룻밤의 약속을 회상하고는 맥이 빠져 있었던 참이었다.

"진정으로 나를 생각하고 계셨다면 길에서 방황하는 일은 없었을 것입니다."

라고 조용히 답한다. 틀림없이 그날 밤 여자의 목소리였다. 다시 만난 기쁨에 겐지의 마음이 설렜다.

9권 「아오이[葵]」

　기리쓰보 천왕이 물러나고, 고키덴 뇨고에게서 태어난 동궁이 천왕으로 즉위한다. 겐지도 22살이 되어 우대신의 자리에 오른다. 천왕이 바뀌자 이세신궁에서 봉사할 여인이 정해졌는데 로쿠조노 미야스도코로의 딸이었다. 미야스도코로는 연하의 겐지와 관계가 소원해져 의지할 수 없게 되자, 딸과 함께 이세신궁으로 가려고 생각하고 있었다. 가모[賀茂]신사에서 봉사할 여자는 고키덴 태후의 딸 산노미야[三宮]로 정해졌는데, 이 의식에 겐지가 참석하기로 되었다. 멋진 겐지의 모습을 보기 위해 이치조[一條]대로는 가마[牛車]와 사람들의 물결로 발 디딜 틈이 없었다. 이런 곳에 가는 것을 별로 좋아하지 않는 겐지의 정실부인인 아오이노우에도 사람들의 권유에 좌대신 가의 가마를 타고 나갔다. 대로 일대는 의식행렬을 보러온 가마로 입추의 여지가 없었다. 가마들이 아름답게 늘어선 채로 구경할 자리를 찾아 왔다갔다하고 있었다. 높은 신분의 여성이 타고 있는 가마가 줄서 있고 천한 사람들이 없을 만한 장소를 정해 그 주변의 가마들을 모두 물러가게 하는데, 고상하고 세련된 발을 친 가마 안쪽에 그윽하게 앉아 있는 주인이 있었다. 살짝 보이는 소매와 옷자락 등의 색 배합이 매우 아름답고 게다가 일부러 몸을 사리고 있어서 몰래 구경 나온 것을 알 수 있는 두 대의 가마가 있었다. 시종들이

"이 가마는 쫓아내서는 안 되겠다"

고 말하고 손을 대지 못하게 하였다. 어느 쪽에서인지 젊은 사람들이 술에 취해 소동을 부리는 일이 일어났는데 이는 제지할 수 없다. 분별력 있는 연장자 시종이 소동 부리지 말라고 진정시켰으나 제지할 수 없었다.

미야스도코로가 겐지와의 평탄치 않는 애정관계로 고민하며 깊은 시름에 빠져서 기분전환을 하려는 심정으로 몰래 외출한 가마였다. 아무도 알아차리지 못하도록 하였지만 아오이노우에 쪽에서 미야스도코로라는 것을 알아차렸다. 그리고 "주제에 떠들지 마라. 겐지의 위세를 믿고 뽐내려 하지만"이라고 소리치고 있는 것을 겐지의 시종들도 아오이노우에 일행에 같이 섞여 있었기 때문에 불쌍하다고는 생각하면

서도 중재하는 것도 성가셔서 모르는 척하고 있었다. 아오이노우에 쪽에서 가마를 나열해서 미야스도코로의 가마는 뒤쪽으로 밀려나 아무것도 보이지 않게 되었다. 한구석으로 밀려난데다 가마 받침도 망가져 미야스도코로는 눈물을 머금는다. 예전에는 동궁비였고 지금은 이세신궁에서 봉사할 왕실 여인의 어머니, 궁중에서 제일로 교양이 풍부했던 자신이었다. 더군다나 가마 자리 다툼의 상대가 겐지의 정처였다는 것이 그녀의 자존심에 커다란 상처를 주었다. 이 소식을 듣고 애처롭게 생각한 겐지는 사과하러 미야스도코로를 찾아갔으나 제사를 핑계 삼아 만나 주지 않았다. 행사 당일에 겐지는 무라사키와 함께 가마를 타고 나갔지만 행렬을 보려는 가마로 꽉 차있어 어디에도 가마를 세울 장소가 없었다. 그 때 자리를 양보하겠다고 시를 지으며 다가온 사람이 있었다. 누군가 했더니 겐노나이시노스케였다.

 얼마 후 좌대신의 집에서는 임신을 한 아오이노우에가 원령(怨靈)으로 인해 괴로워하고 있어 집안 모두 걱정하고 있었다. 겐지도 니조 저택으로 돌아갈 엄두도 감히 낼 수 없었다. 영험한 스님들을 불러 끊임없이 기도를 시키자 여러 혼령들이 모습을 드러냈는데 그 중 하나가 아오이노우에에게 달라붙어 떨어지지 않았다. 이윽고 출산이 가까웠을 때 아오이노우에가 고통스러운 듯이,

"기도를 잠시 멈춰 주세요. 드릴 말씀이 있습니다."

라고 하였다. 부모도 망설이고 있어서 겐지가 휘장 안으로 들어갔다.

겐지가 휘장을 걷어 보니 아오이노우에는 정말로 아름다운 자태로, 배가 높게 불러 누워 있는 모습이 다른 누가 보아도 마음이 아플 것 같은 모습이었다. 남자라면 애잔하고도 슬프게 생각하는 것이 당연한 도리였다. 상기된 얼굴이 평소보다 환하게 보이고, 흰색 의복 위에 검은 머리가 매우 길고 벅찰 정도로 많은 것을 한가지로 묶어 의복 옆에 가지런히 늘어뜨렸다. 있는 그대로 꾸미지 않은 모습이야말로 귀엽고 우아하다고 겐지는 생각했다. 겐지가 아오이노우에의 손을 잡고,

"괴롭구려. 얼마나 고통스러운지?"

라고 물은 뒤 아무 말도 못하고 울고 있었다. 평소에는 왠지 어렵고 다가가기 힘든 눈빛이었는데, 나른한 듯이 눈꺼풀을 올리고 지긋이 겐지를 바라보며 방울방울 눈물을 흘리는 모습이 아무리 겐지라도 애처롭게 생각하지 않을 수가 없었다. 너무 심하게 울어서 그런가, 슬퍼하실 부모님을 생각하고 또 눈앞의 남편을 보는 것이 지금뿐이라고 생각하는 것인가 라고 겐지는 생각했다.

"무슨 일이 있어도 그렇게 심각하게 생각해서는 안 됩니다. 지금은 괴롭더라도 결국에는 쾌차하게 될 겁니다. 만약

에 무슨 일이 있더라도 부부는 반드시 미래에 다시 만나게 되어 있으므로 또 대면할 수 있고, 아버님 어머님 부모자식이라는 깊은 인연으로 맺어졌으므로 다시 태어나도 반드시 만날 때가 있다고 생각합니다."

라고 위로하자,

"아니요. 그렇지 않습니다. 열심히 기도해 줘서 몸이 고통스럽지 않아 잠시나마 기도를 멈추어 달라고 부탁하려고 불렀습니다. 이렇게 힘들게 여기까지 올 거라고는 꿈에도 생각하지 않았기 때문에 정말로 번민하는 사람의 혼은 언젠가 이렇게 자신의 몸에서 **빠져나가는** 것이겠지요."

라고 말하며,

> 허공에서 헤매고 있는 나의 혼을
> 기모노 소매의 끝자락에 묶어서라도 원래의 몸에 돌려 주세요.

라고 읊조리는 모습이 결코 아오이노우에라고는 생각할 수 없을 만큼 변해 있었다. 이것이 또 무슨 일일까 생각하니 미야스도코로의 모습 그 자체였다.

너무 의외의 일에, 세상 사람들이 이러쿵저러쿵 상스러운 짓거리를 하는 것은 천한 것들이 하는 말이라고 듣기도 싫어 생각지도 않았는데, 생생히 눈앞에서 이러한 일이 벌어지니

세상에는 이러한 일도 있구나 하고 역겹게 생각했다. 매우 꺼림직하게 생각하면서,

"그렇게 말씀하셔도 당신이 누구인지 모릅니다. 확실히 이름을 말씀해 주세요."

라고 말하자 미야스도코로 그대로의 모습으로 보게 되니 어처구니없다고나 할까. 옆의 시녀들이 가까이 오는 것도 혹시 알아차리지는 않았을까 하는 불안한 마음이었다.

겐지가 숨을 멈추고 있는 동안에 훌륭한 사내아이가 태어났다.

금새 집안에 기쁨이 가득 차 천왕을 비롯해 황실과 귀족들로부터 훌륭한 축하선물이 많이 전해졌다. 미야스도코로는 순산이라는 소식을 듣고 분해 한다.

그러나 궁중에 중요한 용무가 있어 좌대신도 겐지도 입궐한 사이에, 아오이노우에는 돌연 상태가 급변하여 숨을 거두고 말았다. 좌대신 일가의 비탄은 보기에도 안타까웠다.

겐지도 언젠가는 화목하게 지낼 수 있을 것이라고 생각하며 생전에 소원했던 일을 후회하며 가슴 아프게 밤을 지샜다. 아오이노우에의 오빠인 도노추조의 슬픔도 깊었다. 겐지를 위로하려고 겐노나이시노스케의 이야기를 끄집어내기도 하였지만, 곧 이 세상의 무상함에 이야기는 가라앉아 서로 한탄만 할 때가 많았다.

49재의 탈상까지 좌대신 집에서 보낸 겐지가 자신의 저택으로 돌아오자, 무라사키는 잠시 보지 않는 사이에 한층 더 어른스러워지고 아름다워져 있었다. 전과 같이 거실에서 쉬고 있었지만, 어느 아침 무라사키가 늦게까지 일어나지 않는 것이었다. 겐지는 눈치 빠른 고레미쓰에게 결혼축하 음식을 준비하게 했다. 무라사키와 첫날밤을 보내고 겐지는 오로지 무라사키만을 사랑하며 세월을 보낸다.

다음 해 설날 입궐하여 신년축하 인사를 하고 좌대신 집에 들르자, 작년과 같이 사위의 설빔이 준비되어 있었다. 다만 언제나 같이 있었던 아내의 의복이 없는 것이 왠지 쓸쓸하였다. 아들은 건강하게 자라 웃고 있었다. 아오이노우에의 어머니는 눈물로 이렇게 시를 읊는다.

새해를 축하해야 하는데 또 눈물을 흘리고 있습니다.

10권 「사가키[賢木]」

 미야스도코로의 딸이 이세신궁(伊勢神宮)으로 봉사하러 내려갈 날이 가까워지자 그녀는 깊은 생각에 잠겨 있었다. 겐지의 아내가 죽은 뒤 그 뒤를 이어 정부인이 되는 것은 아닐까라는 소문이 돌았는데, 그 후 돌연 겐지는 찾아오는 것도 끊어 버렸다. 미야스도코로는 겐지가 자신을 싫어하고 있음에 틀림없다고 생각하고 모두 버리고 이세에 내려가기로 결심했다.

 겐지는 아쉬움에 자주 글을 보내왔지만, 방문하러 오는 것은 꺼려 했다. 그러나 드디어 이세로의 하향이 다가온 9월 초. 겐지는 멀리 사가노[嵯峨野]에 있는 미야스도코로를 방문했다. 멀리 넓게 펼쳐진 들판을 헤치고 들어오니, 무척이나 뭉클한 정취가 감돌고 있다. 가을 꽃은 모두 색이 바래고 띠가 무성했던 들판도 시들어 외롭고, 요란하게 울어 대는 벌레소리에 소나무를 빠져나온 바람소리가 더해져, 무슨 악기소리인지 노래인지 구별할 수 없을 정도로 희미하게 연주 소리가 띄엄띄엄 들려오는 것이, 말할 수 없이 우아하다. 겐지는,

"툇마루에 앉는 것을 허락해 주시겠지요?"

라고 말하며 올라앉았다. 밝고 환한 저녁 달빛에 비치는 모습이 비교할 것 없을 정도로 우아하고 아름다웠다. 몇 달이나 소식을 전하지 못한 변명을 그럴 듯이 대는 것도 쑥스러울 정도로 서로 떨어져 있었으므로 겐지는 상록수 나뭇가지를 꺾어 가지고 온 것을 발 아래로 내밀며,

"이 상록수 잎처럼 변함없는 당신의 애정에 이끌려 신의 울타리를 넘어왔습니다. 그런데 타인처럼 대하니 민망합니다."

라고 말하자 미야스도코로는,

"여기에는 방문을 알리는 삼목나무도 없는데 어찌 잘못하여 상록수 나뭇잎을 가지고 방문하셨는지요?"

라고 노래로 화답하였다. 그러자 겐지는,

"신을 섬길 소녀가 있을 곳이라고 생각하여 상록수 잎 향기에 이끌려 찾아왔습니다."

라고 노래하며 발을 어깨 위로 밀치고 아래쪽에 다가와 앉았다. 점점 밝아오는 하늘 모습이 헤어지는 두 사람을 위해

일부러 준비한 것처럼 운치가 있었다. 겐지는,

"새벽 이별은 언제나 눈물로 적시지만 영원한 이별을 고하는 오늘 아침은 지금까지 본 적이 없는 슬픈 가을 하늘 아래에서의 이별입니다."

라고 말하며 헤어지기 싫은 듯 미야스도코로의 손을 잡고 나가는 것을 망설이는 모습이 매우 매력적이고 아름다웠다. 가을바람이 춥게 느껴질 정도로 차갑게 불고 해충의 울음소리도 때를 알고 있는 듯 아무리 근심 없는 사람이라도 듣고 지나칠 수 없는 운치가 넘쳐나고 게다가 뭐라 표현할 수 없는 마음의 흔들림이 있다면 만족할 만한 시를 짓지 못할 것이다.

> 가을 이별은 슬픈데 외로움을 더하는 울음소리를 더 이상 보태지 말라. 들판의 해충아.

후회의 상념이 앞서지만 지금 와서 어찌할 수 없으므로 겐지는 돌아왔다. 돌아오는 길은 눈물의 이슬로 젖어 있었다.

미야스도코로의 오랜 응어리도 풀어지게 되었지만 교토에 머무를 생각은 없었다. 궁중에서의 의식을 끝내고 이세로 봉사하러 떠났다. 14세의 아름다운 여인이었다. 어미인 미야스도코로는 16세 때 동궁비로 궁에 들어가서 동궁이 먼저 죽자 궁중에서 나온 지 10년 만에 다시 궁중을 볼 수 있게 된 것이다.

　　옛일을 생각하지 않겠다고 참아도
　　마음속에 억누를 수 없는 슬픔이 솟는구나.

　10월에 들어서부터 기리쓰보 상황[桐壺院]의 병세가 심해졌다. 수자쿠 천황에게 여러 유언을 남기고, 조용히 세상을 떠났다. 중궁(후지쓰보)과 겐지의 탄식은 깊었다. 살아 생전에는 그래도 조심하고 있었던 고키덴 태후와 우대신 일가가 모두 정권을 장악해버렸기 때문에, 겐지를 세우라던 유언도 허무해질 듯싶다.

　수자쿠 천황은 여린 성격이어서, 도저히 태후의 압력을 밀어낼 힘이 없어 보였다. 산조[三条]의 친정으로 돌아간 중궁은 이 일을 마음 깊이 담아두고 조금이라도 자신의 아들 동궁의 앞길에 그늘이 되지 않게 조심하였다.

　매년 새해의 인사 때가 되면 겐지의 집 앞에는 승진을 바라고 오는 사람들의 가마가 즐비하였으나 올해는 한산했다. 좌대신은 사임하였고, 좌대신의 장남이며 아오이노우에의 오빠인 도노추조는 우대신 일가의 충실한 사위가 아니었기 때문에 승진할 수 없었다. 시류에 민감한 사람들은 서둘러 겐지를 떠나가 버렸지만 도노추조는 여전히 겐지와 친분을 두고 있었다.

중궁인 후지쓰보는 이러한 사태에 현명하게 대처하여 산조 저택으로 겐지가 몰래 찾아와도 가까이 오지 못하게 했다. 결국 상왕 일주기에 머리를 삭발하고 여승이 되었다.

그와 반대로 우대신의 딸 오보로쓰기요[朧月夜]는 종삼위(從三位)가 되어 궁중에 들어갔음에도 불구하고 기회를 틈타 겐지를 몰래 만나곤 했다. 오보로쓰기요는 우대신 집에서 고키덴 태후와 이웃해 살고 있을 때도 겐지를 몰래 만난다.

번개가 치고 비가 오는 날 밤, 비를 맞은 겐지는 우대신에게 밀회의 장면을 들키게 된다. 우대신은 흥분하여 역정을 내고, 곧장 태후에게 이 일을 말하였다. 태후는 겐지에 대한 미움이 더욱 더 쌓여 갔다.

오랫동안 상왕이 겐지를 총애했고, 또 후지쓰보를 중궁으로 삼은 것 등, 쌓인 한이 한꺼번에 뿜어져 나와 이번에야말로 겐지를 실각시키려 결심했다. 그토록 겐지를 미워했던 우대신도 겐지가 불쌍하다고 생각하여 왜 얘기했는지 후회하고 되돌리려 했으나 태후는 전혀 들으려고 하지 않았다.

11권 「하나치루사토[花散里]」

 기리쓰보 상왕이 죽은 뒤, 겐지에게 심신의 피로가 밀려와 사회적 활동도 귀찮게 여겨졌지만 다 버리고 산으로 들어가기에는 깊은 인연을 맺은 사람들이 많았다.

 죽은 상왕의 치세시절에 레케전[麗景殿]의 후궁이라고 불리는 이는 상왕이 죽은 후, 자식도 없이 정말로 궁색할 생활을 하였다. 겐지의 호의로 간간이 생활을 이어 왔다. 이 후궁의 동생인 하나치루사토[花散里]와는 한때 겐지와 궁중에서 인연을 맺었으나 그 후 바쁜 일에 쫓겨 자주 드나들지는 않았다. 복잡한 일들과 근심에 잠기는 일이 자주 생기면서 겐지는 산노키미가 생각나 오월 장맛비가 잠시 그쳤을 때 방문하였다.

 밤도 깊어 달이 떠오를 때, 후궁이 기거하는 곳에 가서 이

런저런 얘기들은 하고 있자니 두견새의 소리가 들려와,

귤 향기처럼 옛날 그리운 당신을 찾아 내가 이 집에 왔습니다.

라고 겐지가 시를 읊자,

황폐한 내 집의 처마 끝 귤꽃이 당신을 유혹하였습니다.

라고 후궁이 답가를 하였다.

서쪽 하나치루사토의 방으로 몰래 건너가자 하나치루사토는 평소의 근심과 고통을 잊고 다정하게 겐지를 대접했다. 오랜 기간 동안 마음과는 달리 방문도 하지 못했던 동안에 변심하는 여자들도 많은데…… 마음속 깊이 겐지도 이 사람의 성품을 어여뻐하였다.

12권 「수마(須磨)」

 여러 복잡한 일이 신변에 생겨도 겐지는 그대로 교토에 있었고, 일이 잘못되어 유배의 슬픔을 맛보지 않으려고 스스로 근신하여 잠시 교토를 떠나려고 생각했다. 수마(須磨) 근처에 은둔해 있는 것이 좋겠다는 생각이 들긴 했지만 교토에 남겨두고 가는 사람들이 마음에 걸렸다.

 특히 니조 저택의 무라사키노우에[紫上]는 같이 가기를 바랐지만 근신하는 자가 아내를 데리고 가는 것은 적절치 않다는 생각에서 겐지는 7, 8명 정도의 시종만을 데리고 조용히 교토를 떠났다.

 출발 전에 좌대신 저택에 작별인사를 하러 가자, 은거하고 있던 대신은 나이 들어 이런 슬픈 이별을 눈앞에서 볼 줄이야라고 하면서 울었다. 아오이노우에의 오빠도 이별의 술잔을 기울였다. 대신의 부인은 너무 슬픈 나머지 틀어박혀 시만 적어 보내왔다. 밝고 활기찬 것은 아오이노우에가 낳은 어린아기뿐이었다.

후지쓰보 중궁에게 몰래 찾아가 이별을 고하니 중궁이 직접 말을 건넸으나 가슴이 벅차서 말이 끊어지기도 하였다. 달이 뜨는 것을 기다렸다가 기타야마[北山]의 상왕 능(陵)에 참배하고, 무라사키우에와의 이별을 아쉬워하면서 새벽녘에 니조 저택을 뒤로 하였다.

수마에서는 바다에서 조금 떨어진 산 속에 기거할 곳이 꾸며져 있었으나 가까운 곳에 있는 겐지 장원의 관리인을 불러 살기 좋도록 수리를 시켰다. 꽃 피는 계절이 바쁘게 지나가고 장마 때가 되니, 겐지는 교토에 두고 온 사람들이 생각나 각각에게 편지를 쓴다.

상대방에게서 답장이 온다. 무라사키노우에는 특별히 정성어린 의복과 잠옷들을 보냈는데 그 색상도 모양도 훌륭하였다. 이세로 내려간 미야스도코로부터는 필적의 향기만으로도 훌륭한 편지가 왔다. 오보로쓰기요는 마음씨 착한 천왕의 허락을 받아 궁궐에 들어와 있지만, 시녀의 편지 속에 섞인 겐지의 편지를 보고 마음은 수마에 있는 것 같았다.

겐지는 이런 편지 하나하나를 보면서 하나치루사토[花散

里]의 집터가 장맛비에 무너졌다는 소식을 듣자 서둘러 그 곳 영주에게 명하여 고치도록 하였다.

수마에는 쓸쓸함을 재촉하는 가을바람이 불고 바다는 조금 떨어져 있지만 유키히라 주나곤[行平中納言]이 '관문소를 불어 넘다'라고 읊었다는 파도 소리가 밤마다 그 노래처럼 가깝게 들리고 더 이상 가슴을 저리게 하는 것이 없는 유배지의 가을이었다.

인적도 없고 모두가 잠들어 조용한데, 겐지는 홀로 눈을 뜨고 베개를 세우고 사방의 황량한 바람소리를 듣고 있으니, 파도가 베개 밑까지 밀려오는 듯해 눈물이 어느 새 베개를 적시었다.

거문고를 조금 켜보았지만 자신이 생각해도 슬프게 들려 중간에 그만두었다.

> 그리워 우는 소리처럼 들리는 파도소리는
> 나를 사랑하는 사람이 있는 곳에서부터 불어오기 때문인가.

라고 노래하니 사람들이 눈을 뜨고 훌륭하다고 감탄하고 슬픔을 참을 수 없어 어느 샌가 자리를 박차고 나가면서, 모두 살짝 코를 풀고 있다.

달이 밝게 빛나며 떠올라 오늘이 8월 15일이라는 것을 알고 궁궐에서 행하던 관현(管絃)놀이가 그리워지고, 교토 여기저기서도 틀림없이 달을 바라보고 있을 것이라는 생각에 사로잡히니 달만을 응시하지 않을 수 없었다. '이천 리 바깥의 고인의 마음'이라고 낭송하는 것도 평상시처럼 사람들이 눈물을 멈출 수 없었다. 후지쓰보가 '안개가 가로막다'고 읊은 시구가 말할 수 없이 그립고 후지쓰보와의 만남을 생각하니 참을 수 없어 결국 엉엉 슬프게 울었다. 옆에 있는 사람이 '밤이 깊었습니다'라고 했지만 겐지는 안으로 들어가지 않았다.

    달을 바라보니 잠시 동안이라도 편안하네.
    교토로 돌아가는 것은 먼 훗날의 일이지만.

같은 날, 수자쿠 천왕이 매우 친절하게 대하며 옛일을 이야기하는 모습이 고인이 된 기리쓰보 천왕과 닮았다는 것도 그리운 듯 생각이 나 '하사하신 의복은 여기에 있다'라고 읊으며 안으로 들어갔다. 의복은 스가와라 미치자네[菅原道真]의 시처럼 옆에 두고 있었다.

    원망스러운 것만 있지 않고 그리움도 있어
    좌우 소매가 눈물로 젖었네.

겐지의 이런 생활을 본 사람들로부터 끊임없이 소식이 전해지고 고키덴 태후는 전혀 근신하고 있지 않은 모습에 격노하며 언짢아했다. 이후로는 수마로 소식을 보내는 이가 적어졌다. 겐지의 주변은 외로웠지만 다자이후[太宰府] 차관이 임지에서 돌아와 교토로 올라오는 길에 겐지가 이 해변에 은거하고 있다는 것을 듣고는 위로의 사신을 보냈다. 차관의 딸은 일찍이 동짓달 무악(舞樂)행사 때 춤을 춘 적이 있어, 겐지와 만났던 적도 있다. 딸이 울면서 시 한 수를 보냈다.

> 당신의 거문고 소리에 이끌려,
> 발걸음이 옮겨지지 않았다는 것을 알고 계신지요?

겐지는 미소를 지으며 답가를 보낸다.

> 나를 생각해서 주저하고 있다면, 여기를 그냥 지나칠 수는 없겠지요?

겐지를 가까이 모시는 자가 이 지방 수령의 아들이어서 생활하기에 편한 장소를 골라 집을 짓게 했지만, 주변 사정도 잘 알고 전에 하리마[播磨] 수령으로 겐지의 죽은 어머니와 인연을 지속해 왔던 뉴도[入道]가 아카시[明石] 해변에 저택을 준비하고 있는 것 등도 전부터 알려져 있었다.

그 사이에 해도 바뀌고 작년에 심었던 어린 벚나무도 피기 시작했다. 이때에 멀리 교토에서 좌대신 집안의 도노추조가 찾아왔다. 지금은 재상이 되어 있지만, 겐지가 그리워 죄를 받는 것도 개의치 않고 수마로 내려온 것이다.

겐지는 감사의 눈물을 흘리고 기뻐하며 해산물을 먼 곳에서 온 손님에게 대접했다. 두 사람은 노래를 함께 부르고, 지저귀는 새소리 같은 해녀의 소리를 듣기도 했다.

3월 상순에 겐지는 주변의 권유로 바다로 나와 부정을 씻는 행사에 참석했다. 화창한 날이었는데 갑자기 바람이 불고, 천둥이 치고, 폭풍우가 일었다. 다행히 무사히 집으로 돌아오기는 했지만, 천둥과 비는 멈추지 않았다. 밤이 되어서야 겨우 잠들 수 있었지만, 겐지의 꿈에는 이상한 사람이 나타나 '왜 궁궐에서 부르는데 오시지 않습니까?'라고 한다. 바다 속 용왕의 부름인가 하고 기분이 나빠, 그 집에 사는 것이 꺼림직하였다.

13권 「아카시[明石]」

　며칠이 지나도 비가 그치지 않았다. 교토에도 무서울 정도로 비가 계속 내리고 그 속을 흠뻑 젖으며 니조 저택에서 사환이 왔다. 조정에서도 하늘의 수상한 징조로 생각하고 액막이 행사를 하고, 길도 봉쇄되어 귀족들도 입궐할 수 없고, 공적인 업무도 중지되었다고 하였다.

　시종들도 두려워하며 무슨 죄를 지어서 이런 일을 당하는 것인지 슬퍼 탄식하고 겐지는 스미요시[住吉] 신에게 기원을 했다. 기원하는 중에 천둥 소리가 나고, 주거로 이어지는 복도에 낙뢰가 떨어져 일부가 타버렸다.

　그날 밤 꿈에 죽은 아버지 기리쓰보 천왕이 생전 모습 그대로 나타나, 빨리 이곳을 떠나라는 말을 하였다. 새벽이 되어 작은 배가 물가로 밀려왔다고 생각하였는데 아카시의 뉴도가 꿈에 계시를 받았다며 겐지를 맞이하러 온 것이었다. 겐지가 떠나기로 결정을 하고 배에 올라타니 믿을 수 없을 정도로 편하게 아카시 해변에 도착하게 되었다.

이곳은 수마와 달리 인가가 많고 사람도 많아서 마음에 들지 않았지만 잘 꾸며진 뉴도 집은 더할 나위 없이 좋았다. 해일을 피해 딸들이 산 쪽으로 주거지를 옮겨서 겐지는 해변 가 집에서 느긋하게 쉬었다.

안정이 되자 겐지는 니조 저택으로 편지를 썼다. 폭풍우 속을 헤치며 왔던 사환이 그대로 이곳에 머물러 있었기 때문에 포상을 한 뒤, 교토로 편지를 가지고 가도록 돌려보냈다. 겐지는 아카시 뉴도에게 옛날이야기를 듣거나 거문고 연주를 감상하며 뉴도와 가까이 지냈다. 뉴도는 딸이 겐지의 아내가 되기를 바라고 있었다. 딸은 생각이 깊고 도리가 있어 신분의 차이를 넘어서 인연이 맺어지는 것을 주저하고 있었다. 뉴도는 겐지의 편지를 딸이 사는 별채에 보내도록 계략을 꾸미며, 마침내 겐지가 아카시 집안에 드나들도록 하였다. 이상하게도 로쿠조노 미야스도코로를 닮은 기품 있는 여성이었다. 시골에서는 드물게 고상하고 단아한 성품이라고 생각하고 있었는데, 만나 보니 정말로 수긍이 가고 마음이 끌렸다.

그러나 교토에서 쓸쓸히 기다리고 있는 무라사키노우에

의 심정을 생각하니 아카시의 딸을 만났다는 것을 숨겨둘 수 없어 겐지 스스로 편지로 알렸다. 무라사키노우에로부터는 따뜻함 속에 원망스러움을 암시한 답장이 왔다.

> 저는 솔직히 이젠 바람을 피우지 않으시리라고 믿고 있었습니다만

교토에서는 죽은 아버지가 수자쿠인의 꿈에 나타나 격노하였다. 천왕은 어머니에게 이를 고하며 겐지의 사면에 대해 말하니 "날씨가 좋지 않을 때에는 그러한 일도 있습니다. 쉽게 놀라지 마시기를"이라며 다부지게 천왕의 말을 물리쳤다. 태후의 아버지 태정대신(太政大臣)도 이때쯤 사망하고 천왕도 태후도 자주 병에 걸렸다. 그래도 태후는 죄과에 따라 처벌했던 사람을 3년도 지나지 않은 사이에 다시 불러들인다는 것은 경솔하다며 천왕의 호소를 받아 주지 않았다.

해가 바뀌어도 천왕의 병은 치유되지 않았다. 결국 천왕은 태후의 충고를 거역하고 겐지를 다시 불러들이기로 결정한다. 겐지는 언젠가는 이렇게 될 거라고 생각하고 있었지만 막상 교토로 돌아가게 되자, 정들었던 해변과 헤어지기가 아쉬웠다. 아카시 뉴도는 가슴이 미어졌지만 정성을 다해 여행 준비를 한다. 임신한 딸을 겐지가 결코 버리지 않을 것이라고

믿으며 주변의 불평에도 흔들리지 않고 마음을 굳게 가다듬었다.

겐지는 수미요시 신사에 감사의 사환을 보내고 교토로 돌아왔다. 무라사키노우에는 혼자 니조 저택을 지키고 있었고 그 사이 어른이 되어 완연한 여인의 아름다움을 띠고 있었다. 마음고생으로 인해 많았던 머리카락이 점점 줄어든 것까지도 산뜻하게 보였다.

얼마 지나지 않아 겐지는 원래의 신분을 되찾았고 다이나곤[大納言]으로 승진한다. 수마로 같이 갔던 사람들도 원래의 관직으로 돌아왔고 태자도 건장한 어른이 되어 있었다. 겐지는 기쁨 마음으로 돌아가신 아버지(기리쓰보 천왕)를 위해 법회를 준비하였다.

14권 「미오쓰쿠시[澪標]」

 7월 하순에 쿄토에 돌아온 겐지는 10월에는 돌아가신 기리쓰보 천왕을 위해 법회를 개최하였다. 태후는 자신의 병세가 호전되지 않는데다 그토록 미워했던 겐지를 결국 내쫓지 못하게 된 것을 분하게 여기고 있었다.

 천왕은 죽은 아버지의 유언에 따라 겐지를 원래 지위로 복권시킨 것이 안도가 되었는지 병세도 호전되었다. 그러나 본래 병약했던 터라 천왕의 지위에서 물러나려는 생각을 가지고 있었다. 게다가 자식도 없는 오보로쓰기요가 불쌍해서 위로를 하거나 푸념을 늘어놓기도 하였다. 오보로쓰기요는 천왕의 따뜻한 마음씨에 왜 젊어서 겐지와 몰래 만나는 소동을 피웠는지 창피하게 생각할 뿐이었다.

다음 해 2월, 겐지를 쏙 빼닮은 동궁이 성인식을 가졌다. 그 달 20일이 지나 갑자기 천왕이 양위를 분부하자, 태후는 놀라움을 금치 못한다. 동궁으로는 후지쓰보와 겐지 사이에 태어난 레제 천왕[冷泉帝]이 책봉되었다. 은퇴한 좌대신을 다시 불러서 섭정정치를 하였고 겐지는 내대신에 임명되었다. 도노추조도 승진하여, 다시 겐지와 좌대신 일족이 번영을 누리게 된다.

아오이노우에가 낳은 겐지의 장남 유기리[夕霧]는 눈에 띄게 아름답게 성장해, 사람들로부터 칭송이 자자하였다. 겐지는 바쁜 공무로 인해 여기저기에 있는 여인들을 잠깐이라도 만나보지 못하는 처지가 되자, 아버지에게서 물려받은 니조의 동쪽 집을 개축하여 의지할 곳 없는 하나치루사토를 비롯해 자신과 인연을 맺은 여자들이 이곳에 거주할 수 있도록 계획을 세웠다.

걱정했던 아카시노기미가 3월 중순에 여아를 순산했다는 것을 듣고 겐지는 기뻐서 유모와 많은 선물을 보내고, 태어난 지 50일에 행하는 축하도 정성을 다하였다. 그리고 아기와 함께 상경할 것을 재촉하였다. 아카시노 뉴도는 겐지의 후한 대접에 눈물을 흘리며 기뻐하였다.

후지쓰보는 상왕에 상응하는 지위에 올라, 여상왕으로 불리게 된다. 이 점을 태후는 못마땅하게 생각하였지만, 겐지는 마음을 다하여 섬겼다. 도노추조의 딸은 8월에 입궐하여, 고키덴 후궁이 되었고 어진 성격으로 같은 나이의 천왕과 화목하게 지냈다.

가을이 되자, 겐지는 수미요시신사에 참배를 하였다. 겐지가 전에 수마에 유랑하고 있을 때, 수미요시 신에게 역경에서 구출해 달라는 기원을 하였고, 그 기원이 이루어져서 감사의 예를 하고 싶은 생각에 성대한 참배를 하였다. 이것이 교토에 소문이 나 귀족들이 앞 다투어 공양하는 소동이 일어났다. 아카시노기미도 매년 연례행사처럼 참배를 하였지만 작년과 올해는 임신과 출산으로 몸 상태도 좋지 않아 참배를 하지 못해 사죄를 겸해 배로 스미요시에 참배하러 갔다. 화려한 행렬을 보고 어느 분의 행차냐고 묻자, '비천한 종도 내대신(겐지) 님의 참배를 모르는 사람이 없는데……' 라고 말하며 하인이 자랑스럽게 웃는다. 아카시노기미는 소문이 날 정도로 화려한 참배를 하는 겐지의 행렬도 모르는 보잘것없는 자신의 처지를 슬퍼하며 남몰래 눈물을 흘린다.

겐지는 고레미쓰로부터 아카시노기미의 배가, 겐지의 화려한 행렬에 기가 죽어 참배도 하지 못하고 되돌아갔다는 소식을 듣고는 동정하는 한편, 이것도 신의 인도라고 생각하고는 '비록 짧은 글이지만 편지라도 보내 위로하고 싶구나. 만나면 오히려 마음을 아프게 하겠군' 이라며 아카시노기미를 걱정하였다.

신사를 뒤로 하고 돌아가는 도중, 여기저기를 들러 산책을 즐겼다. 나니와[難波]의 제례는 특별히 정성을 다해 예를 올렸다. 호리에[堀江] 일대를 보고 '지금도 변함없는 나니와구나'라고 생각 없이 흥얼거리는 것을 가마 옆에 있던 고레미츠가 듣고는 늘 가슴에 준비하고 있던 짧은 붓 등을 가마가 멈춰선 곳에서 올렸다. 겐지는 그의 배려에 감동하여 '몸과 마음을 다해 사모한 보람이 있었는지 나니와라는 표시가 있는 곳까지 와서 만났습니다. 당신과 나는 인연이 깊군요'라고 써서 고레미쓰에게 건네주었더니, 고레미쓰는 아카시노기미의 사정을 잘 알고 있는 하인에게 명하여 가지고 가게 하였다. 겐지 일행이 말을 타고 통과하는 것만으로도 아카시노기미의 마음은 파도치듯 두근거리며 단지 한마디 편지지만 황송하고 감사하여 자신도 모르게 눈물을 흘리고 말았다.

    하찮은 인생으로 아무 데도 쓸모없는 몸인데
    어찌하여 마음을 다해 당신을 사모하게 되었는지요?

겐지는 다미노[田蓑] 섬에서 제례를 드리고 그 제례에 사용된 종이에 답가를 적어 보냈다. 해가 저물어 가고 있었다. 만조가 되어 해변의 학 소리도 정감 있게 들렸기 때문인지 겐지는 남의 눈을 의식하지 않고 아카시노기미를 만나러 가고 싶다는 생각에 빠졌다.

> 유랑했을 때와 같이 눈물에 젖은 내 의복
> 이름뿐인 다미노 섬 눈물에 젖는 이 몸을 숨길 수 없네.

이세신궁에서 봉사하고 있었던 미야스도코로의 딸은 천왕의 양위에 의해 어머니 미야스도코로와 함께 교토로 돌아왔다. 미야스도코로는 로쿠조[六条] 저택을 이전처럼 고상하고 우아하게 단장하여 풍류를 즐기며 지냈다. 얼마 되지 않아 그가 병에 걸려 삭발을 하였다는 소식을 들은 겐지는 곧바로 문병을 하러 갔다.

미야스도코로는 겐지를 베갯머리에 앉히고, 홀로 남게 될 자신의 딸을 부탁하였다. 제발 겐지의 여자 중 한 명으로는 생각하지 말고 정성스럽게 보살펴 달라고 솔직히 말하는 것이었다. 유언을 하고 안심이 되었는지, 수일 후에 미야스도코로는 숨을 거두었다.

겐지는 천왕의 어머니인 후지쓰보와 의논하여 미야스토코로의 딸을 천왕과 결혼시키기로 하였다. 새로운 고키덴 후궁은 천왕과 인형놀이를 같이 할 정도로 아직 어린나이이므로, 연상인 미야스도코로의 딸이 천왕을 보살펴 줄 수 있어서 좋은 일이라며 후지쓰보도 기뻐했다.

19권 「우스구모[薄雲]」

　후지쓰보의 마음씨는 세상의 모든 사람들에게 자애로웠다. 권세를 등에 업고 사람들을 곤혹스럽게 하는 일도 자연히 있을 법하지만 후지쓰보는 조금도 그와 같은 길로 벗어난 적이 없고 세상을 곤란하게 하는 일은 못하게 하였다. 부처님을 공양하는 것도 사람들의 권유에 따라 화려하고 성대하게 하는 사람들이 이전 성대(聖代)에는 많이 있었지만 후지쓰보는 그와 같은 것도 없고 단지 자신이 소유하고 있는 재물과 당연히 받아도 될 소득과 밭에서 얻는 수입, 그리고 세수(稅收) 등에서 지장이 없는 한도로 진실하게 마음속에서 우러나는 정성을 다해 섬겼기 때문에 사리분별도 할 줄 모르는 산에 사는 산사람들도 그녀의 죽음을 애석해 하였다. 장례식이 거행될 때 사람들 모두가 슬퍼 울지 않는 사람이 없었다. 귀족들도 모두 한결같이 검은 상복을 입었으며 온 세상이 침울한 봄 저녁이었다.

겐지는 니조인 정원의 벚꽃을 바라보며 이전에 꽃구경 하였을 때를 회상하였다. "올해만은"이라며 혼자서 옛날 시를 중얼거리다, 지나치게 슬퍼하는 모습을 다른 사람이 보면 틀림없이 이상하게 생각할 수 있어서 염불당에 틀어박혀 하루 종일 울었다. 저녁노을이 화려하게 퍼지고 산기슭 나뭇가지가 뚜렷이 보일 때, 엷게 퍼져 있는 적갈색 구름을 가슴이 시리도록 감동하며 보고 있었다.

저녁노을 비친 봉우리에 걸쳐 있는 구름은
슬픔에 젖은 내 상복 소매 색과 같은 것일까.

아무도 듣고 있지 않는 염불당에서 읊은 것이라 모처럼의 시를 낭송한 보람도 없었다.

34권 「와카나 상[若菜上]」

　수자쿠인[朱雀院]은 건강이 나빠져 출가를 원하고 있었다. 단지 나중에 남게 될 사랑하는 딸 온나산노미야[女三宮]의 장래가 걱정이 되었다. 고심한 끝에 겐지의 아내가 되도록 하였다. 겐지로서는 나이 차이가 부모와 자식 같았고 사랑하는 아내 무라사키노우에도 있는 처지여서 매우 곤혹스러워 했다. 연말이 되어 온나산노미야의 성인식이 치러지고 곧바로 수자쿠인은 출가를 하였다. 겐지는 수자쿠인의 간청을 받아들이지 않을 수 없었다. 무라사키노우에는 온나산노미야와의 결혼소식을 듣고 동요하였지만 괴로워하면서도 냉정함을 잃지 않았다. 다음 해 정월 겐지의 40세를 축하하는 향연이 성대히 개최되었고 다마카즈라가 장수를 축원하는 어린잎을

헌상하였다. 2월 온나산노미야가 겐지에게 시집을 왔다. 신분 격차로 본처의 자리에서 물러난 무라사키노우에의 심경은 평안하지 못했다.

결혼 의식이 행해지는 3일 간, 겐지는 매일 밤 새로운 아내인 온나산노미야의 거처로 갔다. 지금까지 이런 경우를 당해본 적이 없는 무라사키노우에의 심정은 참으려고 하였지만 자신도 모르게 슬픔과 외로움이 밀려왔다. 외출하는 겐지의 옷에 한층 더 정성들여 향수를 뿌리기도 하였지만 정신 나간 듯 침울한 그녀의 표정은 더욱 더 애처롭고 아름다운 매력을 띠고 있었다.

겐지는 어떤 사정이 있더라도 이 사람 외에 다른 사람을 아내로 받아들이지 말아야 했다. 확실하게 자기주장도 하지 못하고 흔들려 버린 자신의 마음 때문에 이런 처지에 빠지게 된 것이다. 자기보다 젊고 어울릴 만한 유기리가 사위로 선발되지 않은 데 대해 스스로 한심해하며 눈물을 흘렸다. 겐지와 달리 아들 유기리는 자신의 아내만을 생각하는 강직함이 널리 알려져 있다.

"오늘밤만은 특별한 날이므로 허락해 주구려. 앞으로도 이런 일이 있다면 내 자신도 정이 떨어지겠지요. 하지만 온나산노미야의 거처에 가지 않아 이 일이 수자쿠인의 귀에 들어갈 것을 생각하면……"

이라며 결정을 내리지 못한 모습이 몹시 괴로운 것 같았다. 무라사키노우에는 불만스러운 표정으로,

"당신조차 갈까 가지말까 망설이고 계시는 군요. 하물며 제 심정이야. 특별하다느니 어떻다든지 해도 어떻게 결정하면 좋을지 모르겠습니다."

라고 쌀쌀맞게 대답했다. 겐지가 제대로 눈도 맞추어 볼 생각도 없이 턱을 괴고 옆으로 누워버렸기 때문에 무라사키노우에는 벼루를 잡아당겨 '눈앞에서 이렇게 변해 가는 당신과의 관계인데 오랫동안 의지하고 있었다니……' 라고 썼다. 겐지가 옛 시 등을 덧붙인 종이를 손에 들고 보더니 특별한 시는 아니지만 이치에 맞는 내용이었으므로, '인간의 생명은 언젠가 다하겠지만 허무한 세상에서 우리들의 인연은 각별하군요' 라고 답가를 쓰고 곧바로 온나산노미야에게 가지 못하고 우물쭈물하고 있자 무라사카노우에가

"정말로 제가 곤란합니다"

라며 재촉하였다. 겐지는 잘 어울리는 복장을 하고 향기로운 냄새를 풍기면서 나갔다. 그 모습을 배웅하는 무라사키노우에의 마음은 편안하지 못했다.

게마리[蹴鞠]로 땀을 흘리고 있었던 가시와키[柏木]는 계단에 앉아서 온나산노미야의 방을 곁눈질하고 있었다. 발 가까이에 있는 하녀들은 방구석에 책상을 밀어 놓고 매우 익숙한

태도로 게마리를 재미있게 구경하고 있었다. 그때 큰 고양이가 귀엽고 작은 고양이를 쫓아 갑자기 발밑에서 달려 나왔다. 하녀들은 무서워 소동을 부리며 "저기 저기" 하고 허둥지둥하며 옷자락을 끄는 소리가 시끄럽다.

고양이는 아직 익숙하지 않은 탓인지 긴 줄이 매여져 있었고 그 끝이 물건에 걸려 고양이 몸 전체를 감싸고 있었다. 고양이가 도망가려고 끈을 잡아당기려는 순간에 발 끝이 올라가 방안이 전부 보였다. 발을 곧바로 내리려고 하는 하녀도 없었다. 가시와키에 가까운 기둥 쪽에 있는 하녀들도 무서워하며 허둥대고 있을 뿐이었다.

방안에 있는 책상 조금 안쪽에 여주인인 듯한 여성이 평상복을 입고 서 있었다. 계단에서 서쪽으로 두 번째 기둥 사이의 동쪽이었기 때문에 숨길 것도 없이 그대로 드러나서 가시와키 쪽에서는 제대로 볼 수가 있었다. 겉은 적색, 속은 보라색이었던가. 짙은 색과 옅은 색이 차례차례로 소매와 옷자락에 겹쳐 있어서 색의 변화가 화려하고 마치 색색의 종이를 철해 놓은 책의 단면을 연상케 했다. 상의는 겉은 흰색 속은 적색으로, 소매가 긴 비단옷이었다. 또한 옷자락까지 풀어진 머리카락은 실을 꼬아논 것처럼 선명하게 보였다. 머리끝은 옷자락 끝부분과 맞춰져 있어 실로 귀엽다는 느낌이었고 신장보다도 20센티미터 정도 길었다.

날씬하고 아담한데다 옷 길이가 길어 옷자락뿐이라는 기분이 들었다. 서있는 모습이랑 머리카락이 흘러내린 옆얼굴은 말할 필요도 없을 정도로 기품 있고 가련한 느낌이었다. 때마침 노을빛으로 흐릿해진 방 안쪽이 어두워져 가는 것도 가시와키에게는 안타까울 뿐이었다. 정원에서 게마리를 하고 있는 젊은이들은 공이 벚꽃에 맞아 꽃잎이 떨어지는 것조차도 신경을 쓰지 않는 모습이었다.

　한편 접전을 보이고 있는 게마리에 눈이 팔린 하녀들도 가시와키 쪽에서는 그대로 보이는데도 알아차리지 못한 것 같다. 고양이가 시끄럽게 울어서 이쪽을 쳐다본 온나산노미야의 표정과 동작 등이 매우 여유 있고 귀엽고 순진한 사람이라고 가시와키는 직감하였다. 유기리는 정말로 옆에서 보더라도 전전긍긍하는 모습이었지만 발을 고치려고 몰래 다가가는 것도 오히려 경솔한 행동이라고 생각하여 알려 주기 위해 헛기침을 하니 온나산노미야가 살짝 안으로 들어갔다. 실은 유기리 자신도 마음에 걸렸지만 누군가 고양이의 끈을 풀어 놓았기 때문에 발도 밑으로 내려갔고 자신도 모르게 한숨을 쉬어 버렸다. 게다가 온나산노미야에게 마음이 끌려버린 가시와키는 가슴이 벅차고, 도대체 저 모습은 온나산노미야 이외의 누구도 아니며, 많은 하녀들 중에서도 눈에 띄는 복장으로 다른 사람과 구별할 수 있는 모습 등이 마음에 새겨져 잊을 수 없을 것 같았다. 아무렇지도 않은 태도를 보이고 있지만 가시와키가 저 모습을 결코 놓칠 리가 없을 것이라고. 유기리는 온나산노미야가 불쌍하다고 생각하지 않을 수 없었다. 가시와키는 애타는 마음을 달래기 위해 고양이를 가슴에 안았지만 매우 향기로운 냄새가 나고 귀여운 목소리로 울어도 이것이 사모하는 사람의 모습을 연상시키는 것이 아무래도 사랑에 빠진 것 같았다.

35권 「와카나 하[若菜下]」

 사랑에 눈이 먼 가시와키는 동궁(東宮)에게 거문고를 가르치러 갔을 때 온나산노미야가 아끼는 고양이 이야기를 한다. 동궁은 여동생인 온나산노미야에게 어느 땐가 중국산 고양이를 받아다가 가시와키에게 주었다. 가시와키는 이 고양이를 방안에 넣어 두고 귀여워하였다. 이렇게 간신히 괴로운 마음을 달래는 것이었다.

 히게쿠로[髭黒]의 딸, 마키바시라[真木柱]는 조부인 시키부쿄노미야[式部卿宮]가 데려다 소중히 키우고 가시와키를 사위로 맞이하려고 하였다. 그러나 가시와키는 온나산노미야에게 마음을 빼앗겨 조금도 마키바시라에게는 관심을 보이지 않았다. 할 수 없이 마키바시라는 호타루노미야[蛍宮]와 결혼한다.

하지만 호타루노미야는 마키바시라가 죽은 아내를 닮지 않은 것이 불만이어서 부부관계가 원만하지 못했다.

이렇게 세월이 지나 레제 천왕이 즉위한 지 18년을 맞이하게 되었다. 자리를 물려줄 자식이 없었기 때문에 성인이 된 동궁에게 천왕자리를 물려주고 국정생활을 떠나 한가로이 사는 꿈을 이루었다. 태정대신(太政大臣)은 사표를 제출했다. 새로운 천왕의 백부인 히게쿠로가 우대신이 되어 정무를 맡았고 유기리는 다이나곤에 임명되었다. 새로운 동궁에는 아카시 뇨고의 아들이 옹립되었다. 로쿠조인[六条院]에는 모두 경사스러운 일뿐이지만 겐지는 레제 천왕에게 사내아이가 없어 후지쓰보노미야[藤壺宮]와의 혈연이 끊어지는 것을 마음속으로 슬프게 생각했다. 10월에 겐지는 무라사키노우에, 아카시 뇨고 일족과 더불어 스미요시 신사에 감사의 마음을 전하러 갔다. 휘황찬란한 행렬이었다.

올해는 수자쿠인의 50세 축하년이다. 전부터 온나산노미야를 만나고 싶다고 말하였으므로 로쿠조인으로 맞이하려고, 음악을 좋아하는 수자쿠인을 위해 음악도 준비해 두려고, 온나산노미야에게 거문고를 열심히 가르쳤다.

이듬해, 정월 20일에 로쿠조인에서는 여인들의 음악회가 개최되었다. 아카시 아내는 비파의 명수, 무라사키노우에의 거문고도 오랫동안 연습한 결과가 나타나 화려하고 아름다웠다. 사랑스럽고 요염한 아카시 뇨고의 거문고, 그 속에 섞여 온나산노미야의 거문고도 향상된 실력을 보였다. 거문고 현을 조율하기 위해 불려온 유기리는 박자에 맞춰 창을 부르고 겐지도 함께 노래를 부른다. 정말로 심오한 합주였다.

드리워진 발 안을 엿보니 무라사키노우에는 알맞은 키에 머리 결도 아름답고, 만발한 벚꽃에 비유한다 해도 부족하지 않을 정도이다. 이에 뒤지지 않는 아카시 아내의 모습은 겸손하면서도 훌륭하고 5월을 기다리는 귤나무 꽃과도 같이 청초하다. 온나산노미야는 작은 체구에 옷 속에 묻혀 있는 모습이 이른 봄 버드나무 가지가 늘어진 모습처럼 정취가 있었다. 아카시 뇨고의 딸은 만발한 등나무 꽃처럼 아름다웠다.

누구나 다 고상하지만 유기리는 고양이 소동 이래, 온나산노미야에게 가졌던 동경심이 식어 버렸다. 그리고 강풍이 부는 아침에, 어렴풋이 본 무라사키노우에의 아름다운 모습을 사모하게 되었다.

그 후 얼마 안 있어, 겐지가 온나산노미야에게 가 있는 동안 무라사키노우에가 병에 걸려 괴로워하고 있었다. 시녀들이 안절부절 못하는 것을 진정시키고 무라사키노우에는 아픈 가슴을 참고 있었지만 그 사이에 열도 높이 올랐다. 연락을 받고 겐지가 돌아왔을 때는 중태에 빠져 있었다. 최선을 다해 간병을 했지만 전혀 회복의 기미를 보이지 않았다. 장소를 옮기자는 말에 니조인[二条院]으로 옮겼지만 날마다 상태는 악화될 뿐이었다. 겐지는 간병을 위해 니조인에 머물고 있어서 로쿠조인에는 사람의 발길이 뜸하게 되었다.

가시와키는 추나곤[中納言]이 되었고 조정의 배려로 온나산노미야의 누이를 아내로 맞이한다. 그러나 온나산노미야에 대한 연정은 꺼질 줄 몰랐다. 때마침 겐지가 무라사키노우에의 간병 때문에 로쿠조인을 비워둔 것을 알고 가시와키의 마음은 불타올랐다. 전부터 유모와 아는 사이인 어린 시녀가 온나산노미야를 모시는 걸 알고 포섭해 두었는데 마침 가모[賀茂] 축제 직후, 온나산노미야의 처소에 사람들이 적은 때를 틈타 어린 시녀의 안내를 받아 가시와키는 그녀의 침실에 숨어들었다.

온나산노미야는 아무런 생각 없이 잠자리에 들었는데 가까이서 남자의 인기척이 있었지만 남편이 돌아왔다고 생각하고 있었다. 가시와키가 두렵고 긴장한 모습으로 침실 막 아래로 안아내려 놓았기 때문에 누군가 침입한 것은 아닌가 라는 생각이 들어 눈을 떠 보니 남편과는 전혀 다른 사람이었다. 무슨 말인지 전혀 알 수 없는 일을 이것저것 늘어놓고 있는 게 아닌가. 그녀는 놀라움과 무서움에 사람을 불렀지만 근처에는 아무도 대기하고 있지 않아서 듣고 달려오는 사람도 없었다. 부들부들 떨고 있는 모습, 땀을 물처럼 흘리고 실신

할 것 같은 모습은 정말로 안스럽고 가련하게 느껴진다.

"보잘것없는 사람입니다만, 이렇게까지 싫어할 사람이 아니라고 생각합니다. 예전부터 제 분수도 모르고 사모해 왔습니다만, 오로지 마음속에만 담아 두었습니다. 그대로 간직할 수도 있었겠지만 오히려 이 마음을 내 비치니 당신 아버님인 수자쿠인도 제 마음을 헤아리시고 아주 당치도 않은 말이라고 책망하지 않으셨기에 희망을 가지게 되었습니다. 변변치 않은 신분과 낮은 관직 때문에 누구보다도 깊은 연모의 마음을 헛되게 했다는 것과 그 서글픔을 억누를 수 없다는 일념이 지금에 와서 돌이킬 수 없다고 다시 생각해 보아도, 얼마나 마음속 깊이 스며들었는지 모릅니다. 세월이 지남에 따라 안타깝게도 괴롭고도, 두렵고도, 비통하기도 해 모든 번민이 더 깊어질 따름이었습니다. 제 자신과 제 마음을 억누를 수 없어 이와 같은 꼴을 보여 드린 것도 생각해보면 너무나도 사려 없는 짓이라고 창피하게 생각하여 이 이상의 죄를 범할 마음은 조금도 없습니다."

온나산노미야는 그가 가시와키라는 것을 알고 놀라고 무섭기도 해서 아무런 대답도 하지 않았다.

"무리도 아닐 것이라고 생각합니다만, 전례가 없는 일도 아니기 때문에 두 번 다시 있을 수 없다고 생각하시면, 정말로 한심한 생각에 오히려 전후사태를 생각지 않는 불온한 생각을 가지지 않을 수 없을 것입니다. 불쌍한 사람이라고만 한마디 해주시면 그 말씀을 최소한의 위로로 삼아 물러나가겠습니다."

 밖에서 상상하기에는 온나산노미야가 위엄이 있어서 부드럽게 만나자고 말하는 것이 기가 죽은 행동이라고 추측할 사람이기 때문에 그저 이렇게 마음속에 담아 두었던 일부분을 알아 주는 것만으로도 더 이상의 행동을 하지 않으려고 생각하고 있었는데, 눈앞에 보이는 온나산노미야는 고귀해서 기가 죽을 정도의 모습이 아니었다. 매우 상냥하고 귀엽고 사랑스럽고 나긋나긋한 느낌의 자태가 그대로 옷자락과 함께 손바닥에서 빠져 나가 버릴 것같은 부드러운 모습이 다른 사람과는 견줄 바가 되지 못했다. 이렇게 되니 확고히 자기 자신을 억제할 분별심도 잃어버리고 어디라도 할 것 없이 그녀를 데려다 숨기고 자신도 세상을 버리고 자취를 감춰 버릴까 하는 생각이 들 정도로 마음이 흔들렸다.

 가시와키는 잠깐 동안 졸았다고도 할 수 없을 정도로 짧은 꿈속에서 기르고 있던 고양이가 매우 귀여운 모습을 하고 울면서 다가온 것을 온나산노미야에게 돌려주려고 자신이 데리고 왔다고 생각했지만 무엇 때문에 돌려주려고 했는지 생각하는 사이에 꿈이 깨, 왜 이런 꿈을 꾼 걸까 생각했다.

 온나산노미야는 너무나 의외의 일이라서 현실에서 일어

난 일이라고 느끼지 못하고, 가슴이 막혀 정신을 차릴 수 없었다. 가시와키는

"어쩔 수 없는 깊은 악연이었다고 생각하시고 단념해 주세요. 제 자신도 제 정신이라고는 생각하지 않습니다"

라며 온나산노미야는 기억도 못하는, 발 끝을 고양이가 끌어올려서 모습을 살짝 보게 된 저녁의 일도 이야기했다. 그런 일도 있었나 하고 온나산노미야는 후회스러운 생각이 들었지만 운명에 끌려온 신세라고 생각했다. 남편에게는 이제부터 어떻게 얼굴을 마주칠 수 있을까 하고 슬프고 불안해하고 마치 어린아이처럼 흐느껴 우는 것을, 가시와키는 정말로 안타깝고도 사랑스러워서 그녀의 눈물을 닦아 주는 소매는 아침이슬이 젖는 것보다 더 심했다. 이제 곧 날이 밝아 오는데 가시와키는 돌아가려고도 하지 않고 잠깐의 만남에 안타까울 따름이었다.

"저는 어떻게 하면 좋을까요? 대단히 원망하고 계시기에 두 번 다시 이야기 나눌 일도 없을 거라고 생각되는데 오직 한 마디라도 목소리를 들려 주세요."

그는 이리저리 부탁을 하지만 그녀는 귀찮고 난처해서 한 마디도 하지 않는다.

"이렇게까지 잠자코 계시다니 어쩐지 기분이 나쁩니다. 이런 무정한 처사가 어디에 또 있겠습니까?"

그는 한심한 생각이 들어,

"그러면 이젠 어쩔 수 없네요. 죽는 수밖에 없습니다. 포기하고 있지 않았기 때문에 지금까지 살아 있었던 것입니다만 그것도 오늘 새벽까지라니 매우 슬픕니다. 정말로 조금이라도 제게 마음을 허락해 주신다면 그것을 기억하며 죽겠습니다."

라고 말하고 온나산노미야를 안은 채 밖으로 나가니 도대체 어떻게 될지 그녀 자신도 멍하니 있을 뿐이었다. 구석의 병풍을 벌리고 문을 밀어 열어보니 어제 들어온 복도 남쪽 문이 열려 있었다. 아직 새벽녘의 어슴푸레한 시각이지만 온나산노미야의 모습을 조금이라도 보고 싶은 마음에 가시와기는 격자를 살짝 밀어 올리고,

"이렇게 차갑게 대하시니 저는 제정신이 아닙니다. 조금이라도 이 마음을 진정시키기를 원하신다면 적어도 '가엾다'라고 만이라도 말씀해 주세요."

라고 하였다. 그의 협박에 그녀는 죽는다고 생각하여 뭔가를 말하려 해도 몸만 부들부들 떨 뿐, 정말이지 어린아이같은 모습이었다. 점점 날이 밝아와 가시와기는 마음이 다급해진다.

"감동적인 꿈 이야기도 해 드리고 싶지만 이렇게 싫어하시다니 그만두겠습니다. 하지만 곧 짐작하시게 될 것입니다."

그가 이렇게 말하고 서둘러 나가려 할 때, 새벽녘의 엷은 어둠은 가을의 하늘보다도 근심을 배가시키고 있었다.

돌아갈 곳도 모르는 새벽어둠에
어느 곳의 이슬이 내 소매를 적실 것인가.

소매를 끌어내며 한탄하니, 가시와키가 돌아간다고 하는 것에 조금 마음이 놓인 그녀는

새벽 어둠의 하늘에 나는 이대로 사라지고 싶다.
전부 꿈이었다고 생각하면 되듯이

라고 조용하게 말하는 목소리가 이처럼 아름다운 것을 가시와키는 끝까지 듣지 못하고 돌아갔지만 그 영혼은 몸을 떠나 온나산노미야의 곁에 머물러 있는 듯한 기분이었다.

겐지는 온나산노미야가 눕기도 하다가 일어나 있기도 한다는 말을 듣고 위로하기 위해 로쿠조인으로 돌아와 있었지만, 그때 무라사키노우에가 위독하다는 연락이 왔다. 서둘러 니조인으로 돌아가 뛰어난 승려들을 불러 모아 기도를 시키니 무라사키노우에가 겨우 숨을 되찾았다. 기도에 제압된 원령이 괴로운 듯이 말하는 것을 들어보니, 로쿠조노 미야스도코로의 죽은 혼이었다. 무라사키노우에는 이를 기회로 일찍부터 바라고 있었던 출가를 허락해 달라고 부탁하였지만 겐지가 허락하지 않아서 불교의 계(戒)를 전수 받았다.

온나산노미야가 임신을 했다. 오랜 세월 동안 그런 기색도 보이지 않았는데…… 겐지는 수상쩍게 생각하였다. 어느 저녁 무렵, 겐지가 온나산노미야의 거처에서 니조인으로 가려고 준비하자 온나산노미야가,

"어젯밤 쓰르라미가 우는 것을 들으면서 저에게도 울라고 하듯이 돌아가십니까?"

라고 원망하듯 말하기에 겐지는 '니조인에서도 이 쓰르라미 울음소리를 어떻게 듣고 있을까? 누구를 생각해도 마음이 혼란스럽구나' 라고 한탄하며 온나산노미야의 거처에 묵었다.

다음 날 아침, 니조인에 가려고 부채를 찾고 있을 때 생각지도 않게 가시와키의 편지를 발견하였다. 달리 해석하려고 읽어도 틀림없는 노골적인 편지 글에 겐지는 놀라는 한편, 일찍이 아버지의 아내였던 후지쓰보와의 불륜을 생각하지 않을 수 없었다.

오보로쓰기요[朧月夜]는 바라던 대로 출가한다. 진작부터 연락이 없었던 것을 원망하면서 겐지는 승복과 세간 살림을 보냈다. 무라사키노우에의 병 때문에 수자쿠인의 축하연은 12월에 행해지게 되었다. 그 시범연주 때문에 집에 틀어박혀 있는 가시와키도 로쿠조인에 초대되었다. 겐지의 무리한 부탁에 보좌를 했지만, 양심의 가책으로 천벌을 받고 있는 듯한 기분이었던 가시와키는 근심을 감출 수 없었다. 겉으로는 온

화하게 가시와키를 접대하고 있는 겐지는 주연이 시작되자,

"가시와기는 노인인 내가 취해 우는 것을 보고 웃을 수 있지만 세월을 되돌릴 수는 없는 것이다. 젊음을 뽐내고 있는 사람도 결국은 늙어가는 것을 피할 수 없다."

라고 말한다. 아무렇지 않은 말이지만 그 속에 불타는 무서운 분노의 불꽃에 마음이 새까맣게 타고 있는 것이 느껴지는데다 술을 강요당하는 고통에 가시와키는 마침내 자리에서 일어났다. 그리고 집에 돌아가자마자 털썩 자리에 눕고 말았다. 사랑하는 장남이 몸져 눕자 대신 부부는 자택으로 가시와키를 데리고 와 간병한다. 가시와키가

자매라 해도 어찌 낙엽과 같은 사람을 아내로 삼아 버렸던가.

라고 노래한 가시와키의 본처 오치바노미야[落葉宮]의 슬픔은 깊었다.

36권 「가시와키[柏木]」

　온나산노미야는 밤새도록 산통으로 고생하고 아침 해가 떠오를 때 남자아이(가오루)를 낳았다. 남자라는 소식을 듣고 겐지는 '사람들의 이목을 피해야 하는데…… 남자라서 그런지 가시와키와 꼭 닮았구나. 사람들에게 보여 주는 것은 곤란하겠군. 여자라면 화장을 한다든지 발 안쪽에서 키우면 속일 수 있고 많은 사람에게 보일 기회도 적어서 안심할 수 있는데……' 라며 당황하는 기색이었다.

　한편 가시와키는 '밝힐 수 없는 의혹을 일생동안 숨기며 지내야 한다는 것을 생각한다면 부모가 돌봐 주지 않아도 되는 남자로 태어난 것이 오히려 잘된 일이야. 그래도 이상하구나. 내 자신이 평생 두려워하고 있었던 죄에 대한 보복임에 틀림없어. 현세에서 예상치도 못한 모양으로 보복을 받았으니 다음 세상에서는 조금은 죄가 줄어들지 않을까'라며 낙관하고 있었다.

겐지가 '남은 시간도 얼마 남지 않은 이 나이에 지금부터 키워야 할 아이인가'라며 가오루를 안으니 전혀 낯도 가리지 않고 방글방글 웃고, 통통하게 살이 오른 얼굴과 하얀 피부가 귀여웠다. 어렴풋이 유기리의 어린시절을 생각하였지만 전혀 닮지 않았다. 아카시 뇨고[明石女御] 태생의 태자들은 부친의 핏줄을 이어받아 황족답고 기품이 있지만 특별히 눈에 띌 정도로 아름답다고는 할 수 없었다. 이 아이는 기품이 있으면서도 사랑스럽고 눈가에 살짝 웃음을 띠고 있는 모습 등이 겐

가시와키.

지에게는 너무나 사랑스러웠다. 그렇게 생각하고 보아서인지 가시와키를 그대로 빼닮았다. 벌써부터 눈빛이 부드럽고 옆에서 보기에도 기가 죽을 정도로 심상치 않은 모습과 향기로운 냄새가 나는 듯한 아름다운 용모이다. 온나산노미야는 그 정도까지는 알아차리지 못했고, 하물며 다른 사람들은 전혀 모르는 일이라서, 단지 겐지 혼자서만 마음속으로 '아~ 허망한 가시와키의 운명이여'라고 생각하며 가오루를 바라보았다. 이것저것 상념에 사로잡혀 눈물을 뚝뚝 흘리다 '오늘은 불길한 행동을 삼가야만 하는 날인데'라고 생각하며 눈물을 닦고 그 자리를 피했다. 겐지는 중국의 시인 백낙천이 58세에 처음으로 남자아이를 얻었을 때 지은 시의 일부분을 인용하여 '조용히 생각에 잠기어 울음을 참다'라는 시구를 읊었다. 백낙천과는 달리 58세에서 10을 뺀 젊은 나이에 겐지 자신도 인생의 황혼을 맞이하게 되어 침울한 기분에 빠졌다. 가오루를 향해 너의 아버지를 닮으면 안 된다는 교훈을 주고 싶은 생각이 들었다.

 '가오루 출생의 비밀을 알고 있는 사람 중에 하녀들도 있겠지. 누구도 내 마음을 이해해 주지 않는 것이 분하다. 틀림없이 어리석은 자라고 생각하고 있을 것이다'라고 생각하니 마음이 평안하지는 않았지만 자신에게 실수가 있어서 웃음거리가 된다면 그것은 참을 수 있다. 어느 쪽이냐면 나보다 온나산노미야가 불쌍하다는 생각이 들어 일절 내색을 하지 않았다. 가오루가 아무 생각 없이 한마디 하며 웃고 떠들 때의 눈빛과 말투가 귀여운 것도 사정을 모르는 사람은 알 수 없을지 모르지만 정말로 가시와키와 닮았다라는 것을 알고 쳐다보면, '가시와키의 부모가 적어도 자식이라도 남기고 갔다면' 이라고 슬피 울고 있겠지만, 그 부모에게도 보일 수 없고 사람들에게도 알리지도 못하고 허무한 죄의 자식만을 이 세상에 남겨 두고, 자존심이 강하고 남들보다 뛰어난 인품을 지니고 있으면서 스스로 자신을 망쳐버린 사람아' 라며 애석해 하다 괘씸하다고 마음이 돌변하여 자신도 모르게 울어 버렸다.

가오루가 태어난 지 50일의 축하행사가 끝나고 하녀들이 모두 나간 뒤에 겐지는 온나산노미야 옆으로 다가가서 "이 아이를 어떻게 생각하십니까? 이렇게 귀여운 어린아이를 버리기까지 하면서 세상을 등지려고 하십니까? 아~한심하구나"라며 온나산노미야의 관심을 환기시키려고 하자 그녀는 얼굴이 붉어졌다.

"도대체 누가 언제 씨를 뿌렸냐고 묻는다면 바위 위의 소나무는 무어라고 대답할까요? 불쌍한 자식입니다."

라고 작은 소리로 말하자 온나산노미야는 아무런 대답도 하지 않고 엎드렸다. 겐지는 무리도 아니라고 생각하여 더 이상 말을 걸지 않았다. 겐지는 온나산노미야가 어떻게 생각하고 있는지 그다지 깊게 생각하는 타입은 아니지만 가시와키의 죽음에 대해 어떻게 침착할 수 있을까 추측하면서도 안타깝게 생각하고 있었다.

39권 「유기리[夕霧]」

 해도 기울고 하늘 모양도 풍치 있게 저녁안개가 끼여 있고, 산기슭이 어두워져 갈 때 쓰르라미 울음소리가 시끄럽고, 울타리에 피어난 패랭이꽃이 바람에 휘날리고, 옅은 분홍색 꽃도 가련하게 보인다. 앞 정원에 심어 놓은 풀과 나무들은 제각기 꽃을 피우고, 물을 주는 소리가 시원하게 들리고, 산에서 불어오는 바람도 가슴까지 스며들어 쓸쓸하고, 솔바람 소리가 무성하게 자란 나무들 사이에서 들려오기도 하고 끊임없이 독경을 하기 위해 교대하는 시간을 알려 주는 종소리가 나자 자리에서 일어나는 소리, 교대하여 자리에 앉는 소리가 하나가 되어 엄숙하게 들린다. 오노[小野]라는 산마을에서 보고 듣는 모든 것이 불안하게 느껴져 유기리는 오랫동안 골

똘히 생각에 잠겨 있었다. 이곳을 떠나 교토로 돌아갈 마음이 없었다. 스님이 기도를 하는 소리가 나고 다라니를 엄숙한 소리로 외우고 있는 모양이었다. 미야스도코로가 매우 괴로워하고 있다고 해서 하녀들도 그쪽으로 모이고, 대개 이런 임시 거처에는 그렇게 많은 사람들이 함께 오지 않기 때문에 이쪽은 점점 사람이 적어져 오치바노미야는 허망한 듯한 모습이었다. 주위도 조용해서 유기리는 자신의 심중을 오치바노미야에게 털어놓을 절호의 기회라고 생각하여 자리에 앉으니 때마침 안개가 처마까지 밀려와

"내가 돌아갈 길도 보이지 않게 되었습니다. 어떻게 하면 좋을까요"

라고 말을 걸고,

산골마을 하늘에 저녁 안개가 자욱하고
여기를 떠나 돌아가려는 마음도 없어졌습니다.

라고 시를 읊자

산마을 울타리에 자욱한 안개도
돌아가려고 마음이 들떠 있는 분을 잡지 않습니다.

라고 답하는 오치바노미야의 희미한 소리에 용기를 얻어 정말로 돌아갈 마음도 없어져 버렸다. 유기리는

"어떻게 하면 좋을지 모르겠습니다. 어정쩡한 기분입니다. 집으로 돌아가는 길이 보이지 않고 그렇다고 해서 안개 속에 멈춰 설 수 없도록 쫓아내십니다. 연애에 적합하지 않은 남자라면 이런 처지가 되겠지요."

라고 말하고 물러나면서 더 이상 마음속에 품고 있을 수 없어서 생각을 슬며시 말하였더니 오치바노미야는 지금까지도 유기리가 사모하고 있다는 것을 알아차리지 못한 것은 아니지만 언제나 모른 척하고 있었다. 이렇게 유기리가 소리를 내어 원망 표현하는 것을 번거롭다고 생각하고 답변도 주지 않아서 유기리는 깊은 한숨을 여러 번 쉬며 두 번 다시 이런 기회가 있을까 방법을 강구하고 있었다.

40권 「미노리[御法]」

 바람이 쓸쓸하게 부는 저녁. 무라사키노우에는 정원의 가을 풀꽃들을 보려고 궤상[机上]에 기대고 있었다. 겐지가 찾아와 이 모습을 보고
 "오늘은 일어나 계시는구려. 중궁 옆에 있으면 기분도 환해지시는 것 같습니다"
 라고 말했다. 무라사키노우에는 이 정도의 회복에 매우 기뻐하는 겐지의 모습을 보고 애처로워 자신이 죽으면 얼마나 슬퍼할까를 생각하니 더없이 슬픈 마음이 된다. 실내에서 정원을 바라보며,

　　일어나 있는 것은 잠시뿐. 바람에 흔들리는

싸리가지 위의 이슬처럼 덧없는 인생입니다.

정말로 정원의 싸리는 바람에 흔들려 휘어지고 그 위에 있던 이슬이 떨어질 것같은 모습에 무라사키노우에의 목숨을 비유하여 부른 계절 노래이므로 겐지는 더 이상 참을 수 없는 심정이 되어 정원의 풍치를 바라보면서

앞 다투어 사라져 가는 이슬같이 덧없는 세상에
앞뒤 차이를 두지 말고 함께 죽고 싶구려.

라고 시를 짓고는 흘러내리는 눈물을 닦을 수 없을 만큼 울었다. 중궁이 말했다.

가을바람에 잠시 동안 있다 사라지는 이슬 같은 세상을
도대체 누가 풀잎 위의 것을 남의 일로만 바라볼 수 있을까요.

이렇게 서로 노래를 교환하는 무라사키노우에와 중궁의 모습은 더할 나위 없이 아름답고 황홀하여 겐지는 '이대로 천 년을 살 수 있는 방법이 있다면 좋으련만'이라고 생각하였다. 하지만 뜻대로 되지 않는 것이 인간의 목숨이라, 무라사키노우에를 붙잡아둘 방법도 없어 비통한 마음을 견딜 수

없었다. 무라사키노우에는

"이젠 돌아가세요. 많이 힘들어졌습니다. 이렇게 쇠약하여 어찌할 바 모르는 모습을 보여드리는 것도 정말로 죄송합니다"

라고 말하며 궤상을 잡아당겨 누웠다. 그 모습이 평소보다 힘없이 보였기 때문에 중궁은

"기분이 어떠하신지요?"

라고 물으며 무라사키노우에의 손을 잡고 울었다. 참으로 사라져 가는 이슬과 같이 덧없이 죽음을 맞이하는가 하여 경문을 읽는 사람들이 계속 찾아오는 소동이 일어났다. 이전에도 이처럼 숨이 끊어졌다 다시 소생하는 일도 있어서 전례에 따라 원령의 소행이 아닌가 의심하여 밤새도록 기도를 하는 등 여러 방법을 다 동원하였지만 효험도 없었다. 새벽녘에 이슬이 사라지듯 세상을 등졌다.

41권 「마보로시[幻]」

겐지는 사랑하는 아내 무라사키노우에를 먼저 보내고 비탄에 빠져 괴로운 한 해를 보낸 뒤 가까운 시일 안에 출가하려는 마음을 먹고 있었다. 이를 계기로 자신의 생애를 뒤돌아보니 감개무량할 뿐이었다. 마음속에 담아 두었던 출가계획을 조금씩 실천하였다. 시종들에게는 신분과 친밀도에 따라 물건들을 나누어 주기 시작하였다. 공개적으로 이것이 마지막이라는 태도를 보이지 않았지만 가까이서 섬기는 시종들은 출가를 위한 준비라는 것을 알고 있었기 때문에 한 해가 저물어 가는 것을 불안해하였고 슬프기 그지없었다.

겐지는 다른 사람들에게 발견되면 곤란할 것 같은 여인들과의 연애편지도 버릴 수 없다고 생각해서인지 조금씩 남겨 두었다. 이번에는 이것저것 정리하면서 모두 버리게 하였다. 그 중에는 수마에 있을 때 여자들에게서 받았던 것도 있고 죽은 무라사키노우에가 쓴 것은 특별히 잘 정리하여 보관하였던 것이었다.

자신의 연애생활 20여 년, 먼 옛날처럼 느껴졌다. 하지만 지금 막 쓴 것 같은 진한 먹 색깔 등은 영원히 유품으로 간직하고 싶을 정도였다. 출가한다면 볼 수도 없을 거라는 생각이 들자 남겨 둘 필요도 없어 자신을 잘 알고 있는 하녀 두세 명만이 보는 가운데서 찢어버렸다.

42권 「니오우효부쿄[匂兵部卿]」

 가오루[薫]의 몸에서 풍기는 향기는 인간세계의 것이라고는 생각할 수 없는 것이었다. 불가사의할 정도로 조금만 몸을 움직이면 그 주변은 물론 멀리 떨어진 장소에서도 바람에 실려 향기로운 냄새가 나는 것이었다. 누구도 가오루처럼 높은 신분이 되면 일부러 볼품없는 모습을 하고 행색과 복장에 신경을 쓰지 않을 리가 없다. 다른 사람보다 훌륭하게 보이려고 정성을 들여 화장이나 옷차림에 멋을 내고 신경을 쓴다. 그렇지만 가오루가 몰래 들르는 곳에도 이상할 정도로 그가 왔다는 것을 알 정도로 향기가 나서 숨을 수도 없어 곤란하였고, 절대로 향수를 뿌리는 일도 없었다. 상자 속에 넣어둔 채 거의 사용하는 일도 없던 여러 향의 냄새도 가오루의 몸에 뿌리면 무어라 말할 수 없는 그윽한 향기가 더해지는 것이다.

정원의 꽃나무도 가볍게 소매로 건드린 매화의 향기를, 봄 빗방울에 젖는 것도 개의치 않고 자신의 몸에 스며들게 하고 싶은 사람이 많았다. 가을 들판에 아름답게 핀 등골나무 꽃도 그곳에 기대었을 뿐인데, 원래의 냄새는 사라지고 마음을 들뜨게 하는 향기가 나고 가오루가 꺾어서인지 꽃향기가 더욱 더 진동했다. 이처럼 가오루에게는 사람의 마음을 들뜨게 하는 향기가 몸에 배어 있었다.

니오우노미야는 무엇보다도 이 점에 라이벌의식을 불태우고 있었고, 일부러 온갖 멋진 향기를 의복에 뿌리고 하루 종일 직업처럼 열심히 향기를 만들고 있었다. 정원의 나무도 향기 나는 것을 위주로 심었다. 봄에는 매화꽃을 바라보고 가을에는 사람들에게 인기 있는 마타라[女郎花], 수사슴의 아내라고 하는 싸리의 이슬 등 향기가 없는 것에는 절대로 관심을 기울이지 않았다. 반대로 나이를 잊게 한다는 국화, 시들어 가는 등골나무, 볼품도 없는 오이풀 등 향기가 나는 것이라면, 이슬에 시들어 버릴 때까지 버리지 않고 더욱 더 의식적으로 향기에 집착하였다. 너무 유약하여 이와 같은 취향에 빠지게 되었다고 판단하였다.

옛날 겐지는 무슨 일이든지 이렇게 한 가지 일에 이상할 정도로 집착하여 그것에 열중하는 모습은 없었다. 가오루는 자주 니오우노미야의 집에 찾아가 음악 합주를 할 때에도 경쟁하듯 피리를 불고, 정말로 서로 선의의 경쟁상대로 생각하고 있는 관계였다. 세상에서는 니오우노미야와 가오루에 대해 귀찮을 정도로 소문이 나돌고 있었고, 당시 아름다운 딸을 가진 높은 신분의 귀족 집안에서는 가슴을 두근거리며 사위로 삼고자 청혼을 하려고 하였다. 니오우노미야는 여기저기 흥미를 가져볼 만한 곳에는 말을 걸어보고 상대방의 모습이나 재능 등을 시험해 보았지만 특별히 정해놓고 집착하는 상대는 없었다.

레제인[冷泉院]의 딸에 대해서만은 '이 분만은 아내로 맞이하고 싶다. 틀림없이 그만한 가치가 있을 것이다'라고 니오우노미야는 생각하였다. 그렇게 생각한 것도 그녀의 어머니는 집안도 좋고 만사에 우아한 풍류를 좋아하는 생활이었고, 딸의 인품도 이 세상에 비교할 것이 없을 정도로 뛰어나다는 소문도 있었다. 게다가 측근에서 섬기는 궁녀들로부터 상세한 상황을 수시로 들었기 때문에 한층 더 참을 수 없는 생각이 들었다.

가오루는 속세를 따분한 것으로 여기고 '어설피 여자에게 마음을 품으면 출가에 방해가 되지는 않을까'라고 생각하며 번거로운 일이 일어날 것 같은 곳에는 관심을 보이지 않는 등 스스로 삼가고 있었다. 금지된 사랑은 하물며 생각지도 않았다. 올해 19세가 되는 해에 재상(宰相)이 되었고 지금의 관직도 겸하고 있었다. 천왕과 중궁으로부터 각별한 총애를 받으며, 신하로서 누구보다도 두터운 신뢰를 얻고 있었지만 가슴속으로는 자신의 출생에 대한 어렴풋한 느낌으로 인해 슬픈 마음이 들기도 하였다. 자기 멋대로 연애를 하는 일은 절대로 없었고, 만사에 절제된 행동을 하였기 때문에 자연히 성숙한 품성을 지닌 것으로 누구나 생각하고 있었다.

니오우노미야는 3년 동안 마음을 다해 사모하고 있었던 레제인[冷泉院]의 딸 집 주변을 보고는 늘 같은 궁 안에서 자신은 아침저녁으로 자유롭게 출입할 수 있고, 때에 따라서는 그녀의 모습을 보거나 들으면 소문대로 보통사람과는 달리 우아하고 깊이가 있는 사람이라는 것을 알았기 때문에 이왕이면 이와 같은 사람을 아내로 맞아 평생 즐겁게 생활할 것을 생각하고 있었다. 하지만 레제인은 대개의 경우 격의 없이 친절하게 도와주었지만, 딸에 대한 처사만은 늘 거리를 두었고, 니오우노미야로서도 귀찮기도 하여 일부러 교제하려고 가까이 다가가려고도 하지 않았다. 뜻하지 않게 교제하고픈 마음이 든다면 자신은 물론 레제인 딸에게도 좋지 않을 것이라고 생각하고 친근하게 다가가지 않았다.

가오루는 천성적으로 사람들에게 인기가 있었기 때문에 사소한 말을 건네도 상대 여자 쪽에서는 가만히 있지 않고 곧

바로 관심을 보인다. 자연히 그때마다 가는 곳이 몇 군데 있지만 특별히 상대 여자들을 위해 과장된 대우도 하지 않고 교묘하게 눈에 띄지 않도록 한다. 그렇다고 관심이 없는 것도 아니어서 오히려 상대방을 애타게 하는 것이었다. 가오루를 연모하고 있던 여자들은 반하여 산조[三条]궁으로 모여드는 사람이 많았다. 가오루의 무정한 태도를 보는 것이 괴로웠지만 완전히 인연을 끊는 것보다는 불안한 마음을 참아가며 궁중에서 일하지 않아도 될 높은 신분의 여자들까지 허무한 인연에 기대를 걸고 있는 사람도 많았다. 하지만 매우 상냥하고 쳐다보는 것만으로도 아름다운 가오루이기 때문에 한번 그와 만난 여자는 모두 자신의 감정에 사로잡혀 상대방의 마음이 식어 있는지도 알지 못했다.

45권 「하시히메[橋姬]」

 그 즈음 세상의 관심에서 잊혀진 채 우지[宇治] 강가에 조용히 살고 있는 늙은 왕족의 집이 있었다. 고(故) 히카루 겐지의 남동생에 해당하고 어머니도 고귀한 집안 출신이고, 보통의 친왕(親王)과는 달리 왕위를 계승할 동궁(東宮)의 지위에 올라설 것이라는 이야기도 있었던 위치였다. 그러나 세상이 변해, 주위로부터 차가운 대우를 받게 되었고 실의에 빠졌다. 전 대신의 딸인 기타노가타[北方]와의 화목한 부부 사이가 유일한 위로였다. 그런데, 기타노가타는 의외로 늦게 딸을 얻었고 계속해서 두 번째 딸을 출산했을 때, 산후 회복이 좋지 않아 사망하고 말았다.

 상심을 달랜 하치노미야[八宮]는 고승[高僧]과 같이 불도 수행을 하며, 딸을 혼자 몸으로 양육하였다.

우지의 고승이 레제인을 찾아왔을 때, 하치노미야가 정진하는 모습을 이야기했다. 이것을 들은 가오루는 하치노미야가 속세에 있으면서 불성(佛聖)의 생활을 하고 있는 것에 반해, 고승을 통해 소식을 전하고, 결국에는 자신이 우지에 있는 하치노미야를 방문했다. 하치노미야는 기쁘게 가오루를 맞이하고, 알기 쉽도록 불법을 말해 주었다. 가오루도 하치노미야의 인품에 끌려 자주 우지를 방문하였다. 레제인으로부터도 문안 선물이 도착하고, 우지의 생활에도 한줄기 빛이 비치기 시작하였고, 어느새 3년의 세월이 흘렀다.

늦은 가을, 하치노미야가 염불회를 위해 고승이 있는 불당에 머무르고 있는 동안 가오루가 방문하였다. 아버지가 없어 지루하던 때에 딸이 합주를 하고 있던 참이었다.

가오루가 딸 방으로 이어지는 울타리 문을 조금 밀어 열어 보니, 달이 운치 있게 비칠 정도로 안개가 피어오른 하늘을 바라보며, 발을 높이 말아 올리고 앉아 있는 여자가 있었다. 툇마루에는 매우 추운 듯이 하늘하늘한 얇은 옷을 입은 볼품없는 복장의 여자아이 한 명과, 비슷한 모습의 하녀가 곁에 있었다. 발 안쪽에 있는 한 명은 기둥에 가려지듯 앉아 비파를 앞에 두고 술대를 만지작거리고 있었는데, 구름에 가려 있

던 달이 갑자기 선명한 빛으로 비치기 시작해서,

"부채도 아닌, 이 술대로 달을 초청한 것이군요."

라고 말하며 고개를 기울여 밖을 내다본 그 얼굴은 매우 가련하고 향기롭게 보였다. 또 한 사람의 여

하시히메.

자는 거문고 위로 몸을 기대듯이 하고는,

"술대로 지는 해를 다시 불렀다는 이야기는 들은 적이 있는데, 특이한 발상을 가진 분이라는 것을."

라고 말하고, 미소 짓는 모습은 유달리 중후하고 행실이 좋아 보였다.

"불러내는 것까지는 못하더라도, 비파의 술대를 넣는 곳을 은월(隱月)이라고 하는 걸요. 꼭 달과 인연이 없다고는 할 수 없죠."

라고 두서없이 농담조로 이야기하며 즐거워하는 모습은 전혀 예상하지 못했던 것으로 마음이 설렐 정도로 아련함과

친근함을 느꼈다. 옛날이야기 등에 전해 내려오는 것이나 젊은 하녀들이 낭독하고 있는 것을 들으면 예외 없이 예상치 못한 곳에 아름다운 여성이 살고 있다고 적혀 있다. 설마 그런 일이 있을까 하고 화를 내며 거짓말로 생각하였지만 요즘 세상에도 사람의 마음을 감동시키는 사건이 눈에 띄지 않는 곳에 숨어 있다니. 가오루의 마음은 불도의 수행보다는 여자들에게 끌려가고 있었다. 꽤 안개가 짙었기 때문에 안쪽의 모습은 그렇게 확실히 보이진 않았다. '한 번만 더, 구름 사이로 달이 나와 준다면'이라고 생각하던 참에 안에서

"누가 오셨습니까?"

라고 알리는 사람이 있었던 것일까, 발을 내리고 모두 들어가 버렸다. 별로 당황한 표정도 보이지 않고 느긋하게 행동하며 살짝 몸을 숨긴 모습은 옷자락 끌리는 소리도 내지 않고 매우 차분하며 비교할 수 없을 정도로 품위가 있고 우아하여 가오루는 가슴속 깊이 아련함을 느꼈다.

가오루가 그늘에서 나오니 모시고 갈 마차를 끌고 가도록 교토로 심부름꾼을 보냈다. 그리고 조금 전 경비를 하던 사람에게

"공교롭게도 부재중에 들렀지만, 오히려 기쁘고 울적해진 기분도 조금은 나아진 것 같다. 이렇게 내가 방문한 이유를 하치노미야 따님에게 말해 주세요. 밤이슬에 흠뻑 젖은 이유

도 이야기하고 싶으니까."

라고 말하자, 경비를 서던 남자가 안으로 들어가 이야기를 전했다.

여자들은 이렇게 남이 보았을 것이라고는 생각도 못하고, 편히 연주하고 있던 거문고 음율을 혹시 들은 것은 아닐까 하고는 매우 부끄러워했다. 그러고 보니 신기하게도 향기로운 바람이 불었었는데, 설마 눈치도 채지 못했다는 것이 얼마나 멍청한 짓이었는지를. 어떻게 해야 좋을지 모르고 그저 부끄러워할 뿐이었다.

잠시 후 알았다는 듯이 늙은 여인이 나와 가오루에게 인사를 하는데, 그 사람은 가시와키의 유모의 딸로 벤노기미[弁君]라고 하며, 가시와키에게 온나산노미야를 주선한 고지주[小侍従]의 조카였다. 벤노기미는 가오루 출생에 관한 비밀을 넌지시 암시하고는 나중에 모두 이야기해 주기로 약속했다. 가오루는 '우지 여성들의 마음을 살피듯이 뱃사공에 노 젓는 물방울에 소매가 젖는구나. 나도 눈물로 소매가 젖었습니다'라고 적어 경비원에게 들려 보냈다. 여자는 마침 옆에 있는 종이에 답장을 썼다.

    우지 강의 뱃사공은 물방울에 소매가 썩어 버리듯이
      나의 소매도 하루하루의 눈물로 닳아 버리겠지요.

그 아름다운 필적에 마음을 빼앗겼지만 마중 나온 마차로 가오루는 교토로 돌아갔다.

우지 여성과 늙은 여인의 말이 뇌리에서 떠나지 않아 걱정했던 가오루는 불도를 깨우치기 위해 우지에 갔는데, 오히려 마음이 흔들렸지만, 이런 저런 세상이야기를 할 때 니오우노미야에게 우지 여성의 이야기를 해 부러움을 사기도 했다.

10월이 되어 우지를 방문한 가오루는 하치노미야가 불도를 수행하고 있는 사이에 늙은 여인에게서 자신의 출생의 비밀을 듣게 된다. 가시와키가 남긴 유언의 글을 받아들고는 가슴이 미어지는 것 같았다. 이런 일이 또 있을까. 변함없는 모습으로 침착하게 경문(経文)을 읽고 있는 어머니 온나산노미야에게는 말을 꺼내지 못하고, 마음 한구석에 담아둔 채 이런 저런 생각에 잠기는 것이었다.

47권 「아게마키[総角]」

　가오루에게 이 속세를 멀리하도록 특별히 권고한 부처님이 그 방편의 하나로 일부러 비통한 생각을 가지게 한 것일까. 보고 있는 눈앞에서 비참하게 잡초들이 시들어가듯 오기미[大君]의 숨이 끊어지다니 얼마나 슬픈 일인가. 막아낼 방법도 없어 발을 동동 구르고 싶을 정도이다. 주위 사람들이 옆에서 바라보며 바보라고 생각해도 상관이 없었다. 드디어 임종했다는 연락을 받자 나카노기미[中君]가 자신도 살고 싶지 않다며 평정을 잃고 괴로워하는 것도 무리는 아니다. 나카노기미가 정신을 잃은 모습을, 언제나 참견하는 하녀들은 '사체 옆에 계시는 것은 불길한 일입니다'라며 떼어놓았다. 아무리 중태라고 하였지만 설마 이렇게 빨리 죽을 리가 없다고 생각한 가오루는 꿈이 아닐까 하며 등불을 가까이에 대고 보려고 하였다. '소매로 덮어 놓은 얼굴도 그냥 자고 있는 모습이고, 지금까지의 모습과 조금도 다르지 않게 사랑스런 모습으로 누워 있는 것을, 벌레 껍데기처럼 여기에 두고 언제든지 볼 수 있다면' 이라며 어찌할 바를 알지 못했다.

임종 절차에 따라 머리를 빗어 올리니 주변에 향기로운 냄새가 나는 것이 생전의 냄새 그대로이고 부드럽고 향기로운 냄새가 나는 것도 보통은 이런 예가 없다고 생각되어 '둘도 없는 분이셨다. 이 분의 어디를 봐야 보통사람이라고 생각하여 단념할 수 있을까. 이것이 만약 속세에 대한 집착을 끊어버리라는 불교의 가르침이라면 적어도 이 시체가 무서울 정도로 추하며 슬픈 생각도 사라지도록 나를 바라보게 해 주세요' 라고 부처님에게 애원하였지만 마음이 안정되기는커녕, 그리워 참을 수가 없었다. 어찌할 방법도 몰라 조금이라도 빨리 화장을 하여 연기로 변해버리라고 생각하고 정해진 장례 의식을 집행하는 것이 너무나도 한심하였다. 다리가 땅에 닿지 않은 것처럼 계속 흔들흔들거리고 최후의 장례 모습도 허무하며 화장 연기도 많이 올라가지 않고 끝나 버리는 것도 한심하다며 정신을 잃은 모습으로 돌아왔다.

49권 「야도리기[宿木]」

 천왕은 온나니노미야[女二宮]의 어머니인 후지쓰보 뇨고[藤壺女御]가 죽자, 딸의 장래를 걱정하여 가오루와 결혼시키려고 생각하고 있었다. 한편 천왕의 의중을 알아차린 유기리는 생각을 바꿔 딸 로쿠노기미[六君]의 신랑으로 니오우노미야를 원했다. 아카시 중궁도 찬성하였다. 니오우노미야와 로쿠노기미의 결혼 소식을 들은 나카노기미는 아버지의 유언을 따르지 않고 우지를 떠난 경솔함을 후회하며 죽은 언니의 삶을 부러워한다. 당시 나카노기미는 임신 중이었고 위로를 해 주려고 나카노기미를 방문한 가오루는 그녀에게서 오이기미의 모습을 발견하고는 연정을 품게 된다.

 니오우노미야는 로쿠노기미와 결혼을 하고 점차 그녀의

매력에 빠져들어 나카노기미를 멀리하게 된다. 슬픔에 찬 나카노기미는 방문한 가오루에게 우지에 데려다 줄 것을 간청하지만, 가오루는 우지로 가는 것을 단념시키면서 그녀의 소매를 잡고 사랑을 고백한다. 나카노기미는 가오루의 태도에 고민한다. 방문한 가오루에게 처음으로 죽은 언니인 오이기미와 아주 닮은 이복동생인 우키후네[浮舟]의 이야기를 한다. 상세한 사정을 알고 있는 시녀에게 확인해 보니 고(故) 하치노미야와 시녀 추조노기미[中条君] 사이에 태어났고, 그 후 하치노미야에게 버림받은 추조노기미는 히다치노스케[常陸介]의 후처가 되었으며, 최근 가족이 상경하여 교토에 살고 있다는 것을 가오루는 알게 된다.

가오루의 관심은 우키후네에게 쏠려 있었다. 그것도 모르고 니오우노미야는 친근하게 대화하는 나카노기미와 가오루에게 질투를 느낀다. 때가 차서 나카노기미가 아들을 낳는다. 어느 날 우지를 방문한 가오루는 우연히 참배를 하고 돌아오는 길에 산장에 들른 우키후네를 보게 된다. 죽은 오이기미와 너무나도 닮은 모습에 마음을 빼앗긴다.

"오랫동안 소식이 없었던 사람이 이번 여름에 멀리서 상경하여 나를 찾아왔습니다. 생판 남처럼 대할 수 없었지만 그렇다고 해서 갑자기 친절하게 만날 수도 없었습니다. 우키후네가 먼젓번에 왔다 갔습니다만 이상하리만큼 죽은 언니 오

야도리기.

이기미와 분위기가 닮아 그리운 마음까지 들었습니다. 가오루님은 나를 언니의 형상으로 생각하시고 또 그렇게 말씀하십니다만 우리들 자매를 잘 알고 있는 시녀는 오히려 전혀 닮지 않았다고 합니다. 그런데 닮을 이유가 없는 사람이 어떻게 그렇게 똑같을 수가 있을까요?'

나카노기미의 이야기를 듣고 가오루는 꿈속의 이야기로까지 느낄 정도로 큰 충격을 받았다. 가오루가 우키후네를 보고는 '매우 아름답구나. 이렇게 아름다운 사람이 있는데 지금까지 찾아 보지도 않았다는 것은 얼마나 바보스러운 짓이었는지. 이 사람보다 신분이 낮아도 오이기미의 친척관계라면 괜찮다. 이렇게 오이기미와 닮은 사람을 얻게 된다면 소중하게 대해야지' 라는 생각까지 들었다. 더구나 이 사람은 모르고 있겠지만 죽은 하치노미야의 딸이라는 사실을 생각하고 우키후네를 바라보니 참을 수 없을 만큼 가슴 뭉클함이 솟아올랐다. 지금 당장이라도 다가가서 당신(오이기미)이 이 세상에 살아있었구려 하고 부르며 오이기미를 잃어버린 슬픔을 치료받고 싶었다. '당나라의 현종황제는 양귀비의 혼을 찾아 저세상 봉래산까지 영매자(靈媒者)를 보냈지만 유품인 비녀조차 구하지 못했다. 그것으로는 만족할 수 없었겠지. 이 사람은 오이기미가 아니지만 내 마음의 상처를 치료해 줄 것 같은 기분이 들어'라고 생각하는 것은 가오루와 우키후네 사이에 전생에서부터 약속이 있었기 때문이 아닐까.

51권 「우키후네[浮舟]」

산 쪽은 안개로 가려져 있고 싸늘한 해안가에 살고 있는 까치의 모습도, 장소가 장소인 만큼 정취 가득한 풍경이다. 더욱이 우지 다리가 멀리까지 보이는 곳에 섶나무를 실은 배가 이리저리 왕래하고 있는 등 다른 곳에서는 볼 수 없는 풍물들이 여기저기 많이 산재하고 있는 곳이어서, 가오루는 이 풍경을 바라볼 때마다 옛날 일이 마치 오늘처럼 느껴지고 우키후네와 같이 오이기미와 관련 있는 사람이 아니더라도 이렇게 마주앉아 있는 것만으로도, 만남의 운치는 이루 표현할 수 없을 만큼 매우 감동적인 정경이다. 하물며 우키후네가 사랑하는 오이기미와 닮은 것도 그다지 나쁘지 않고, 서서히 남녀의 정도 알게 되고 도시의 분위기에 익숙해지는 것도 사랑스럽게 느껴지는 등 처음보다도 훨씬 세련되어진 것 같은 기분이 들지만, 마음속 여러 괴로움으로 인해 우키후네 자신도 모르게 눈물이 흐르는 것을 가오루는 어찌할 수 없어서 "우지 다리처럼 사랑의 서약이 썩어가는 일이 없으므로 불안해하며 동요하지 마세요. 내 심정을 언젠가는 알게 되겠지요"라고 말한다.

> 틈새가 많아서 위험한 우지 다리처럼 불안한 사이인데
> 썩어 끊어질 일 없으니 안심하라고 말씀하십니까.

가오루는 지금 그대로 우키후네를 버려둔 채 돌아갈 수 없었고 이곳에 조금이라도 더 머물고 싶었지만, 세상 소문이 시끄럽고 이제 와서 장기간 머물러도 어찌할 방도가 없어 언젠가는 교토로 맞이하여 편안히 만나려고 생각하여 새벽이 되기 전에 돌아갔다. 정말로 어엿한 숙녀가 다 되었다고 생각하니 이전보다 더욱 사랑스럽게 느껴지는 것이었다.

우키후네는 아침저녁으로 불안하게 바라보았던 작은 배에 올라타, 노를 저어 강을 건너고 있는 중에 멀리 반대편 강가를 향해 노를 저어 떠나가는 것은 아닌지 불안한 마음으로 바싹 다가와서 안기고 있는 것도 니오우노미야는 정말로 사

랑스럽게 생각하였다. 새벽녘 달이 높고 깨끗한 하늘에 뜨고 수면에도 구름 한 점 없이 비치고 있었다. 뱃사공이

"여기가 다치바나[橘] 섬입니다."

라고 말하고 잠시 노를 멈추었기 때문에, 바라보니 커다란 바위 같은 모습을 하고 있는 정취 있는 상록수의 무성한 그림자가 보인다. 니오우노미야는

"저것을 보세요. 대단한 것은 아니지만 천 년이 지나도 그대로일 것 같은 녹음이 아닌가요."

라고 말하였다.

> 세월이 지나면 변할까요. 상록수 다치바나 섬에서
> 미래를 약속한 내 마음은.

우키후네도 새로운 여행길처럼 느껴

> 다치바나의 녹음은 변하지 않겠지만 작은 배처럼
> 흔들리고 있는 이 몸은 어디에 의탁하면 좋을까요.

때마침 밤 풍경에 우키후네의 모습도 매혹적이어서 니오우노미야는 매우 감동하고 있었다.

53권 「데나라이[手習]」

　우키후네가 행방불명이 되었을 때의 일이다. 히에산[比叡山]의 요코가와[橫川]에 고승이 있었는데 고승의 어머니와 여동생이 참배를 하고 돌아가는 도중, 어머니가 갑자기 병이 나서 산에 머무르고 있던 고승도 하산하여 우지에서 머무르며 병간호를 하고 있었다. 그날 밤 고승 일행은 숙소 뒤편에 쓰러져 있는 젊은 여자를 발견한다. 여동생은 죽은 딸을 대신하여 관음보살이 보내 주신 것이라고 믿고 정성껏 간호하였는데 이 여자가 바로 우지에서 실종된 우키후네였다. 그녀는 괴로운 나머지 산장을 헤매다가 의식불명이 된 채 쓰러져 있었던 것이다.

　우키후네는 히에산 중턱 오노[小野] 암자로 옮겨졌으나 정신을 차리지 못하고 있었다. 여름이 끝나갈 무렵 여동생의 간청에 의해 고승이 하산을 하여 기도를 드리니 겨우 의식을 회복하게 되었다. 자신이 죽을 뻔했다는 것을 안 우키후네는 비구니가 되기를 간청한다. 고승은 어쩔 수 없이 오계[五戒]만을 주었고, 여동생은 자신의 딸로 여기며 정성스럽게 돌봐주었지만, 우키후네는 굳게 입을 다문 채 염불을 하는 틈틈이 습자연습을 하고 있었다.

이 오노지방은 우키후네가 이전에 살고 있던 우지마을보다 물소리도 부드럽다. 집 구조도 세련되고 가로수도 재미있게 심어져 있으며 정원도 운치가 있다. 가을이 되니 하늘 모양도 가슴 저리도록 정감이 있고, 논에서 벼 베기 흉내를 낸다며 허드렛일을 하는 젊은 여자들이 농부의 흉내를 내어 노래를 부르면서 흥을 돋우고 있다. 나루코(새를 쫓기 위한 장치)를 잡아당기는 소리도 재미있게 들린다. 이전에 살았던 동북지방의 생활이 생각나 그립다. 여기는 오치바노미야의 어머니인 미야스도코로가 살고 있던 산골마을보다도 좀더 깊은 곳이고, 산을 등지고 지은 집이라서 소나무가 무성하며 바람소리도 어쩐지 을씨년스럽다. 사람들은 무료하여 항상 독경에 힘을 쏟고 언제라고도 할 것 없이 조용히 생활하고 있다.

고승의 여동생은 달 밝은 밤에 거문고를 연주하기도 한다. 쇼조[小將]라고 불리는 사람은 비파를 뜯으면서 합주를 한다.

여동생이 우키후네에게

"이러한 예능을 하십니까? 무료하고 외로운데"

라고 말을 건넨다. 우키후네는 옛날에도 시골에서 자라 차분하게 음악과 같은 예능을 배울 여유도 없었기 때문에, 취미로 어느 것 하나 배울 기회도 없이 성장해서 이렇게 노인들이 기분전환을 하고 있을 때에는 과거의 일을 회상하는 것이었다. 질릴 정도로 무료한 자기 자신을 한심하게 생각하며 심심풀이로 다음과 같이 썼다.

　슬픈 나머지 강가에 몸을 던진 자신을
　여울에 수책을 세우고 누가 건져내준 것일까.

뜻하지 않게 구조를 받았다는 것이 원망스럽고 장래도 어떻게 될지 몰라 걱정스러웠다. 더구나 자기 자신에 대해 정나미가 떨어질 것 같은 기분마저 들었다. 달 밝은 밤에는 언제나 노인들이 들뜬 기분으로 노래를 부르고 옛날 일을 회상하며, 이것저것 자신의 처지에 대해 이야기하지만, 우키후네는 이야기할 화제도 없어 혼자 조용히 생각에 잠겼다.

　덧없는 세상에 살고 있어도
　도시의 누가 이 사실을 알고 있을까.

이것을 끝으로 죽기로 결심했을 때에는 그리운 사람이 많았지만 지금은 그렇지도 않고, 단지 어머니가 얼마나 슬퍼하실까. 유모도 어떻게 해서든지 평범하게 행복을 맛보며 살 수 있도록 나를 열심히 도와주었는데, 얼마나 실망하고 있을까 걱정되었다. 지금은 어디에 있는지. 내가 살아있으리라고는 생각도 못하고 있겠지. 마음 통하는 사람도 없다며 흉금을 터놓고 상담하거나 언제나 친절하게 해주었던 유모도 가끔 생각이 난다.

54권 「유메노우키하시[夢浮橋]」

　히에산에서 공양을 마친 다음 날, 가오루는 요코가와에 있는 승려를 찾아갔다. 그리고 승려로부터 우키후네[浮舟]가 우지에서 목숨을 건지고 불교의 계를 받았다는 경위를 자세히 들었다. 승려는 가오루의 예사롭지 않은 속마음을 알고 그 소중한 여자를 비구니로 만든 것이 잘못되었다는 기분이 들었다.

　가오루는 어릴 적부터 출가하고자 하는 의지가 강했는데 자신만을 의지하고 있는 어머니를 생각해 뜻을 이루지 못하고 있었다. 그 사이 자연히 지위도 올라가서 하고 싶은 일도 못하게 되었지만, 늘 근신하는 마음으로 도를 벗어나는 일을 하지 않도록 명심하고 있었다. 그래서 절대로 우키후네의 불도수행을 방해하지 않겠다고 맹세했다. 승려도 이를 알고 고기미[小君]가 가지고 갈 글을 써서 보냈다.

오노[小野]의 암자에서는 우키후네가 물웅덩이 근처의 반딧불을 보고 우지를 생각하고 있을 때, 장엄한 횃불 행렬이 보였다. 아마도 가오루의 행차인 것 같다고 비구니들은 수군거린다. 우키후네는 사념을 떨치기 위해 염불에만 집중하고 있었다.

가오루가 저택에 돌아와서 고기미를 불러 오노로 심부름을 보낸다. 고기미가 가지고 온 승려의 편지에는 '하루 출가의 공덕은 가늠할 수 없는 것이기에 본래의 약속을 소중히 여겨 가오루 님의 애착(愛着)의 죄를 사해 주세요'라고 쓰여 있었다.

우키후네는 어머니를 만나고 싶지만 이 편지에 써 있는 사람에게는 알려지고 싶지 않았다. 숨겨 달라고 비구니에게 부탁했다. 고기미는 가오루의 글을 내밀고 답장을 받고 싶다고 말한다.

> 불도의 스승으로 따랐던 승려의 안내로
> 생각지도 않게 임을 그리워하는 산에 들어와 길을 잃었습니다.

라고 노래하고, '행방불명이 된 당신을 대신해 동생인 고기미를 보살피고 있는 것입니다'라는 내용이 덧붙여져 있었다. 우키후네는 좀 더 마음이 안정되고 난 뒤에 답장을 하겠다고 말하고 그 자리에 얼굴을 파묻고 누워 버렸다.

산골마을 나름대로 정갈하게 접대를 했지만 나이 어린 고기미는 왠지 모르게 마음이 놓이지 않아

"일부러 나를 심부름 보낸 이유에는 뭐라고 대답하면 좋겠습니까? 한마디라도 말씀해 주세요."

라고 말한다. 비구니들도 '맞다'고 대답하며 고기미의 말을 그대로 전했지만 우키후네는 아무 말도 하지 않는다. 할 수 없이 비구니가

"그냥 보신 대로 어중간한 모습을 말씀드릴 수밖에 없겠습니다. 구름 저편이라고 할 만큼 멀리 떨어진 곳도 아니니까, 산바람이 불면 꼭 다시 들러 주세요."

라고 말하자, 고기미는 용건도 없이 여기서 해가 질 때까지 앉아 있는 것도 이상하다고 생각하여 돌아가려고 하였다. 마음속 깊이 연모하고 있던 누이인데 만나지도 못하고 끝난 것이 답답하고 불안하여 개운치 않은 채로 돌아갔다.

가오루는 이제나 저제나 하며 몹시 기다리고 있었는데 고기미가 확실한 답장도 없이 돌아와서 무척 실망하였다. 어설프게 심부름을 보내지 않는 게 좋았다고 이리저리 걱정을 하기도 하고 '혹시 누가 사람 눈에 띄지 않도록 숨겨 두고 있는 것이 아닐까'라고 의심해 보기도 한다. 자신이 이전에 우키

후네를 우지에 방치해 두었던 경험에 비추어 여러 장면을 상상하기도 하였다.

3부

관련서

무라사키 시키부는 『겐지모노가타리』 외에 자신의 시집과 일기를 남겼다. 시집에는 친구와의 이별, 아버지 부임지인 에치젠[越前]으로의 여행, 남편 노부다카[宣孝]와의 연애시, 중궁쇼시[彰子]를 섬기면서 느낀 노래 등 130여 수가 수록되어 있다. 또 그녀의 일기에는 궁궐생활에 대해 자세히 기록되어 있는데, 자조적이면서도 예리한 관찰력이 돋보인다.

관련서

무라사키 시키부는 『겐지모노가타리』 외에 자신의 시집과 일기를 남겼다. 시집에는 친구와의 이별, 아버지 부임지인 에치젠[越前]으로의 여행, 남편 노부다카[宣孝]와의 연애시, 중궁쇼시[彰子]를 섬기면서 느낀 노래 등 130여 수가 수록되어 있다.

> 옛 친구를 만났네. 만남도 순간이구나. 구름 속에 숨어버린 달처럼.

이 시는 백 명의 시인이 각기 한 수씩 모아 놓은 『백인일수(百人一首)』라는 시집에 실려 있는 것으로, 옛 친구를 만났지만 그것도 아주 짧은 시간밖에 허락되지 않는 중산층의 신분을 비관한 노래이다. 이 이별의 노래를 서두로 슬픈 현실과 세상의 이치, 그리고 그곳에서 살아가는 자신의 심정 등을 시집에 실었다.

    이해할 수 없습니다. 어젯밤 그분인지 아닌지.
    새벽에 돌아가실 때 시치미를 떼시는 당신의 얼굴로는

천일신(天一神)신이나 대장군 등이 있는 방향으로 가고자 할 때 그 방향으로 직접 가는 것을 피하고, 전날 밤에 살이 없는 방향에서 하룻밤을 자는 신앙이 있었다. 위의 시는 그 때에 그분이 자신과 여동생이 있는 방에 와서 진의를 알 수 없는 달콤한 얘기를 하였는데, 이것이 자신에게 한 것인지 동생에게 한 것인지 알 수 없다는 내용이다. 일설에는 머무른 사람이 다름 아닌 작자의 남편인 노부다카라고 한다. 작자가 부친과 함께 에치젠으로 내려갔을 때 노부다카가 청혼의 편지를 여러 번 보내왔고, 당시 부친과 노부다카는 친한 사이였기 때문이다.

    남편이 귀신들린 아내를 치료하기 위해 기도하는 모습이 그려진 그림을 보고

죽은 사람에게 불평하며 괴로워하는 것도

내 마음속에 귀신이 있기 때문인가.

라고 남자의 마음속에 귀신이 있기 때문에 상대방이 귀신 들린 것이라고 판단한 것은 아닐까라는 의미로 심리학자처럼 정신상태를 진찰하는 노래도 있다.

한편 그녀의 일기에는 궁궐생활에 대해 자세히 기록해 두었는데, 일기 형식과 편지문 형식으로 되어 있다. 중궁쇼시를 섬기고 있었던 1008년 기사를 중심으로 자조적인 특성과 예리한 관찰력을 엿볼 수 있다. 특히 편지문 형식으로 되어 있는 후반부에는 경쟁관계에 있었던 세이쇼나곤[淸少納言]과 아카조메에몬[赤染衛門] 등에 대한 인물비평과 자신에 대한 평가를 적었다. 세이쇼나곤의 경우에는 다음과 같이 비난하고 있다.

세이쇼나곤은 득의양양하며 잘난 체하는 사람이다. 똑똑한 양 한자를 마구 적고 있지만 자세히 들여다보면 부족한 점이 많이 있다. 이렇게 다른 사람보다 특별히 뛰어났다고 생각하고 또 그렇게 행동하고 싶은 사람은 나중에는 틀림없이 뒤떨어지고 점점 나쁘게 될 뿐이다.

언제나 멋있는 척하고 그것이 습관이 되어 버린 사람은 외롭고 쓸쓸할 때에도 진실로 감동하였다는 듯이 행동하고, 재미있는 것도 놓치지 않으려고 하는 사이에 자연히 경솔한 태도가 되어 버린다. 이렇게 경박한 품성을 지닌 사람의 결말이 어떻게 좋은 일이 있을 수 있겠는가.

당시 무라사키 시키부와 경쟁관계에 있었던 세이쇼나곤은 중궁테시[定子]를 섬기고 있었고, 『마쿠라노소시[枕草子]』라는 유명한 수필집을 남겼다. 내용은 중궁테시를 섬기고 있었던 궁궐생활에 대한 체험과 회상, 그리고 자연과 인생에 대한 감상 등을 선명한 묘사와 간결한 문체로 자유롭게 적어나간 수필이다. 특히 제1단에

> 봄은 밝아 오는 새벽녘이 좋다. 점차 밝아지는 산기슭이 조금 밝아지고 보라색 구름이 가늘게 뻗쳐 있는 모습이 좋다.
> 여름은 밤이 아름답다. 달이 있으면 말할 것도 없다. 밤에는 반딧불이 이리저리 날아다니는 모습이 좋다.

봄 · 여름 · 가을 · 겨울에서 느낀 자연에 대한 감상은 자연에 대한 일본인의 미의식으로 정착될 정도로 관찰력과 정확한 이해를 바탕으로 하고 있다. 이와 같은 태도가 『겐지모노가타리』의 문학이념인 아와레[あはれ]와 상반되는 개념인

오카시[をかし], 즉 명랑하고 감각적인 자세 그리고 재치와 건조한 정취 등을 의미하는 미적 개념을 탄생시켰다. 중고(中古)문학의 최고의 걸작으로 평가받고 있으며, 일본문학사 안에서도 독자적인 위치를 차지하고 있다.

『겐지모노가타리』 이후에도 『하마마쓰추나곤모노가타리浜松中納言物語』『요와노네자메[夜半の寢覺]』『사고로이야기[狹衣物語]』『도리카에바야모노가타리[とりかへばや物語]』 등이 창작되었으나 모두 『겐지모노가타리』의 모방에 지나지 않았고, 그 영향을 벗어나 새로운 내용과 구성을 갖추지 못했다.

794년 교토가 수도가 되고 1192년 무사들이 집권하기 시작한 가마쿠라막부[鎌倉幕府]의 성립까지를 중고문학이라고 하는데, 이때의 특징 중 하나가 바로 여류문학의 번창이다. 당시 문단의 중심적 존재였던 기노쓰라유키[紀貫之]가 여자의 입장에서 한자가 아닌 가나로 '남자가 쓴다는 일기라는 것을 여자인 나도 써보려고 한다'라고 시작되는 『도사일기[土佐日記]』를 썼다. 이런 흐름을 이어받아 여성의 일기가 많이 등장하였다. 여성 일기의 선구자 격인 『가게로우일기[蜻蛉日記]』를 비롯하여 서정적인 『이즈미시키부일기[和泉式部日記]』『무라사키시키부일기[紫式部日記]』『사라시나일기[更科日記]』 등이 있다. 그리고 앞에서 살펴본 세이쇼나곤의 수필집인 『마쿠라노소시』, 그리고 모노가타리 문학의 최고 걸작인 '『겐지모노가타리』가 여성의 손에 의해 창작될 정도로 궁중 여류문학이 최고의 전성기를 맞이하였다.

여성의 손에 의해 작성된 것은 일기만이 아니었다. 『에가모노가타리[榮華物語]』는 확실한 증거는 없지만 예부터 아카조메에몬[赤染衛門]이라는 설이 있다. 『겐지모노가타리』의 작자인 무라사키 시키부와 동시대의 인물이며, 똑같이 중궁 쇼시[中宮彰子]를 섬긴 시인이었다. 무라사키 시키부는 자신의 일기에서 아카조노에몬에 대해 와카는 특별히 뛰어났다고는 할 수 없지만 품격과 운치를 지니고 있으며, 경솔한 시인들과 비교하여 진지한 자세를 갖추고 있다고 호의적인 평가를 내리고 있다.

『에가모노가타리』는 총40권으로 후지와라노 미치나가[藤原道長]의 일대기를 연대순으로 적은 역사소설이다. 미치나가의 죽음까지를 적은 30권을 정편(正編)이라고 부르고, 속편은 미치나가가 죽은 뒤, 그의 아들들의 업적을 묘사하고 있는 10권을 말한다.

원래 역사란 남성들의 전유물이었다. 11세기에는 여자가 역사를 쓴다는 것은 있을 수 없는 일로 게다가 한자가 아닌 가나로 쓴다는 것은 상상도 할 수 없는 일이었다. 일본의 역사서인 『릿고쿠시[六國史]』처럼 한문으로 적는 것이 정통이었고, 사서오경과 문학(한시문) 역사가 남성들 특히 정치가들의 필수과목이었던 것이다. 그런데 『에가모노가타리』 서두에서 "세상이 시작되고 이 나라가 60대에 걸친 천왕의 시대가 되었지만 그 경위를 적은 것이 없었다. 이제부터 그 사건을 적고자 한다"라고 여성이 역사를 쓰고자 하는 자세를 보이고 있는 것은 획기적인 사건이라고 말할 수 있다.

그러나 이런 기운은 벌써 『겐지모노가타리』에서 감지되고 있다. 앞에서도 설명하였듯이 『겐지모노가타리』의 서두에서는 "어느 천왕 때의 일이었던가. 궁중에 뇨고[女御]·고이[更衣]라고 하는 많은 후궁들이 섬기고 있는 가운데 특별히 명문 출신이 아닌데도 천왕의 총애를 한 몸에 받고 있는 이가 있었다"라고 히카루 겐지의 어머니인 기리쓰보 고이[桐壺更衣]에 대해 시작하고 있다. 첫 권에서는 어떤 천왕의 시대인지는 확실히 밝히고 있지 않지만 작품속의 기리쓰보 천왕은 실존했던 다이고[醍醐] 천왕을 모델로 한 것임을 여러 차례 알려 주고 있다. 계속해서 전개되는 이야기 속에 등장하는 천왕들은 실제로 존재했던 수자쿠[朱雀] 천왕 무라카미[村上] 천왕을 상징하고 있는 것이다.

따라서 신하로 등장하는 주인공 히카루 겐지도 역사상 실존하는 인물의 투영이며, 이것이 때로는 정치가이기도 하고 귀공자인 나리히라[業平]가 되기도 하고 비운의 대신인 수가

와라노 미치자네[菅原道真]가 되기도 한다. 이는 무라사키 시키부가 섬기고 있는 중궁쇼시를 통해 그녀의 아버지인 미치나가가 권력을 쟁취하는 경위와 부귀영화를 누리는 모습 등을 연상케 하여 독자로 하여금 관심과 재미를 느끼도록 하기 위한 조치인 것이다.

『에가모노가타리』에서는 역사상 인물의 행적이나 사건을 기술하는 데 있어서 마치 『겐지모노가타리』의 한 장면을 연상케 하는 글쓰기를 하고 있다. 후지와라고레치카[伊周]가 불경죄로 좌천되는 전날 밤에 부친의 묘지를 참배하고 눈물을 흘리며 호소하는 장면은 히카루 겐지가 수마로 유랑을 떠나기 전에 죽은 아버지 기리쓰보 천왕의 묘를 참배하는 것과 똑같은 장면이다. 또한 작자는 "히카루 겐지도 이렇게 하였다"라고 적고 있을 정도이다. 사실에 바탕을 두고 적어야 하는 역사소설에서 허구의 인물이나 사건을 빌려서 적고 있는 것은 이해할 수 없으며, 『겐지모노가타리』가 존재하지 않았다면 『에가이야기』도 씌어지지 않았을 것이다.

『에가모노가타리』는 역대 천왕의 치세를 연대 순에 따라 기록하는 편년체 형식이며, 미치나가 가문이 조부 때부터 다른 가문을 제거하고 영화의 길로 들어서는 과정을 극명하게 추구하고 있다. 이는 히카루 겐지의 영화가 천왕의 존재와 깊은 관계가 있는 것과 동일한 구조로 당시의 귀족사회, 특히 외척정치의 현실상을 배경으로 하고 있는 것이다. 속편 10권은 미치나가의 사후 그의 아들인 요리미치[賴通]와 노리미치[敎通]의 행적을 역사 기록과 병행하여 적은 것으로, 『겐지모노가타리』의 「우지 10권」도 주인공 히카루 겐지가 죽은 뒤 그 자손들의 이야기를 적고 있는 구성과 비슷하다.

또 다른 역사 모노가타리인 『오카가미[大鏡]』는 12세기 초에 성립된 것으로 작자미상이다. 『에가모노가타리』와 동일하게 미치나가의 일생과 그 가문의 영화를 역사적 사건과 주인공의 전기를 바탕으로 기전체(紀傳體) 형식으로 기술한 역사 모노가타리이다. 본기(本紀)와 열전(列傳)을 중심으로 다른 모노가타리의 이야기를 첨가하였으며 인물 중심의 일화를 가지고 이의를 제기하거나 비판적 역사의식을 드러내고 있다.

겐지모노가타리 일본 고전문학의 최고봉

펴낸날	초판 1쇄 2005년 8월 31일
	초판 3쇄 2022년 4월 18일

지은이 **임찬수**
펴낸이 **심만수**
펴낸곳 **(주)살림출판사**
출판등록 1989년 11월 1일 제9-210호

주소 경기도 파주시 광인사길 30
전화 031-955-1350 팩스 031-624-1356
홈페이지 http://www.sallimbooks.com
이메일 book@sallimbooks.com

ISBN 978-89-522-0429-5 04080
   978-89-522-0314-4 04080 (세트)

※ 값은 뒤표지에 있습니다.
※ 잘못 만들어진 책은 구입하신 서점에서 바꾸어 드립니다.